Y. 5580.

Yf

3882

LA CECILIADE,

OU MARTYRE SANGLANT

DE SAINCTE CECILE, PATRONE
des Musiciens: où sont entre-mélés plusieurs
beaux exemples Moraux, graues Sentences
naïues allegories, & comparaisons familieres,
conuenables tant aux personnages qu'au
suiet: Auec les Chœurs mis en Musique. Par
ABRAHAM BLONDET Chanoine & Maistre de la Musique de l'Eglise de Paris.

Dedié à Messieurs les Venerables Doyen &
Chanoines de l'Eglise de Paris,

Par N. SORET Rhemois.

A PARIS,

Chez PIERRE REZE' demeurant au mont
S. Hilaire, pres de la Court d'Albret.

M. DC. VI.

Auec priuilege du Roy & Approbation.

Extraict du Priuilege du Roy.

PAR grace & Priuilege du Roy, il est permis à Pierre Rezé Marchant Libraire demeurant à Paris d'imprimer & expo-ser en vente, le present liure intitulé *La Ceciliade, ou martyre san-glant de Saincte Cecile Vierge-martyre, Patrone des Musiciens*, com-posé par N. SORET Rhemois, & ce, pour le temps & terme de dix ans. Et deffences sont faites par sa Maiesté, à tous Libraires, & Imprimeurs, & autres de ce Royaume, d'en imprimer ven-dre, & debiter, sinon de ceux qu'aura fait imprimer ledit Rezé, ou de son consentemét, sans qu'on les puisse contrefaire en au-cune maniere que ce soit, iusques apres ledit téps & terme de dix ans, finis & accomplis, apres la premiere impression, sur peine de confiscation desdicts liures, & de tous les despens dommages & interests, qui pour ce regard en pourroient ensuiure. Ce pre-sent extraict sera de pareille valeur & effect, comme s'il auoit esté signifié en leurs propres personnes, ainsi que plus ample-ment il est declaré par lesdictes lettres sur ce données. A paris le dixseptiesme iour de Nouembre mil six cens six.

Par le Conseil.

Signé,   BRIGARD.

APPROBATION.

NOVS soubs-signez Docteurs Regents, en la faulté de Theologie à Paris, certifions à tous qu'il appartiendra que nous auons veu & examiné vne Tragedie intitulée *La Ceciliade, ou le Martyre sanglant de saincte Cecile Patrone des Musiciens*, com-posée par Maistre NICOLAS SORET prestre, Maistre de Grammaire des enfans de Chœur de l'Eglise de Paris, en laquelle n'auons rien treuué ny aperceu qui soit côtre la foy Catholique, Apostolique & Romaine, ou contre les bonnes mœurs. Faict à Paris, ce dixhuictiesme Nouembre mil six cens six.

Signé,   M. ANCELIN Penitentier de Paris.

R. BALESDENS Chanoine de l'Eglise de Paris, & Archiprestre de Sainct Seuerin.

A MESSIEVRS LES
Venerables Doyen, & Chanoines de
l'Eglise de Paris. S.

MESSIEVRS,
Combien que nostre humaine vie soit legerement passante, & de peu de durée: chacun toutefois amoureux de son estre (de peur de ne plus estre) s'efforce de s'entre-tenir sain. Et tout ainsi que l'homme qui symbolise de pres aux naturel des arbres verdoyans, quant à la vegetatiue (en estant vn renuersé selõ la preuue des Naturalistes) c'est pourquoy, comme ils sont de diuers temperamens, s'ils sont plantés en vn mesme champ, malaisément y peuuent ils s'accroistre, & supporter les iniures du têps. Car les aucuns (soit pour estendre leurs bras fueillus: soit pour les courber char-

gés de fruits:mais le principal,pour plus longuement viure)se plaisent:qui sur la crope d'vn mont,qui en la pante d'vne colline:les autres demandent laplaine, ou la riue d'vn ruisseau. De mesme les hommes composez de contraires humeurs,afin de plus loin euiter l'ineuitable mort: & pour tramer vn plus long filet de la vie (au moindre trouble ciuil, ou pestilentielle contagion qui suruient en vne cité)incontinent les vns se retirent en vne ville : les autres en vne autre. Ceux qui ayment les champs choisiront vne metairie proche d'vne riuiere, d'autres vn bourg en la campagne, d'autres vn chasteau en vn vallon: & les autres (obligez à cause de leur residentaire charge) n'en partiront: mais se tiendront cois & fermez chez eux, sans quitter le maniement de leurs affaires priués, & iournaliers exercices. Ainsi que moy, qui(honoré de la charge de maistre de Grammaire de vos enfans de Chœur) pour la cóseruation de ma santé:& pour mieux m'acquitter de mon deuoir, ay demeuré ferme. me retirát en ma chambre apres mes leçons: où seul i'entendoy par fois vne si douce, & rauissante melodie, concertée par vos Choristes nourrissós, sur les modes graue-doux de Mósieur BLONDET aussi leur digne Maistre; que cela m'esmeut (pour monstrer quelque fruit de ma vie conseruée en vostre maison) d'escrire ce rude poëme tragique en l'honneur de saincte Cecile vierge-martyre Patrone des Musiciens. Pour le lustre duquel il luy a pleu d'en animer les Chœurs de chants harmonieux: au lieu du concert Cecilien: intermis cette année en vostre Eglise, à cause des assemblées publiques mortellement dangereuses en l'epidimic danger. Vous suppliant Messieurs de receuoir ce nostre commun labeur (attendant choses plus serieuses) d'aussi singuliere affectió que nous sommes & serons à iamais,

Vos Tres-humbles & Tres-obeissans seruiteurs, BLONDET, & SORET.

DE SANCTA CÆCILIA.

EPIGRAMMA.

Dvm sonat, & turpi Berecynthia tibia
    cantu
    Perflat, hymen & hymen organa
    spurca vocant.
Dùm Bacchum, Veneremque canunt
simul impia plectra:
Cæciliæque torum pronuba fœda parat.
Intereà virgo melioribus ignibus ardens,
    Cuius erat CHRISTVS tæda, Cupido, Venus:
Antichorum facit: & pompam execrata prophanam,
    Hæc secum arcano cantica corde dabat.
CHRISTE adsis: horâ nisi tu succurris in istâ
    Heu rapit abductam, sponsus & alter habet.
Me clypeo legum propera munire tuarum,
    Vt non confundar, me tuus armet amor.
Hunc animo casto fac me vitare paratum,
    Fac impolluto corpore posse torum.

I. MORELLVS *Gymnasiarcha*
scholæ Rhemensis.

A MONSEIGNEVR

MONSEIGNEVR HENRY DE
GONDY ILLVSTRISSIME EVESQVE
de Paris.

STANCES.

DOCTE & diuin Prelat des Prelats
l'exemplaire,
Qui de voſtre grand Roy, eſtes le grand
Paſteur:
Ouy Paſteur nompareil, comme eſt Paris
ſans Paire,
Paris où vous tenez voſtre ſiege d'honneur.

Comme vn autre Phœbus vous luyſés ſur la Fráce,
Voz geſtes (fors vn point) reſemblent à ſes raís:
Il s'eſclipſe par fois en quelque concurrence:
Mais vos belles vertus ne terniſſent iamais.

Vous reſemblez Phœbus, & Phœbus vous reſéble:
L'vn eſclaire là haut, l'autre eſclaire icy bas:
Vous n'eſtes toutefois touſiours egaux enſemble,
Il redoute la nuit, vous ne la craignez pas.

Le Soleil ne peut rien qu'en vn ſujet capable,
De receuoir l'effect du feu de ſes rayons,

Mais vous estes bien plus que Phœbus admirable:
Car vous changez le vice en des perfections.

Bel esprit que i'adore, & que chacun admire;
Que vous estes heureux en l'heur qui vient de vous!
Et les vostre contens sur qui vous faictes luire
Des rayons, dont Phœbus ore mesme est ialous! (mode,
Mais il n'est pas tout seul, non que l'on treuue au
Quelqu'vn qui presumast d'estre vostre enuieux:
Vos discours ensucrés de suaue faconde,
Desirez des humains sont enuiez des Dieux.

N. SORET.

AD ORNATISSIMVM

ECCLESIAE PARISIENSIS CANTOREM,

Senatoremque ex prima decuria inte-
gerrimum Dominum D. Ruellé.

ANDIDA mens est grata Deo, mens conscia
recti:
Est mens fraude carens hostia grata Deo.
Qualis simplicitas tua, nullis oblita fucis,
Qui bonus es totus pectore, fronte, manu.
Relligionis amans veræ, cultorque, vetustos
Quales prisca fides, firmaque cantat auos.

N. SORET,

A MONSIEVR MONSIEVR SEGVIER

Doyen de l'Eglise de Paris,& Conseiller
de la Cour de Parlement.

STANCES.

LA fille de Themis ayant quitté les cieux,
  Legere descendit en la plaine du monde:
    Triant pour sõ hostel, afin qu'õ la veit mieux,
  De vostre braue esprit la hautesse profonde.
Quiconque vous regarde il la voit clerement:
  Et comme en miroir vous vous voyez en elle:
    Par vos iustes arrests rendus si purement,
  On vous estime bon,& la iustice belle.
Comme vn cube parfait à trois dimensions,
  L'argeur, profondité,& la haulteur de mesme.
    Toutes trois on les treuue, en vos perfections,
  Qui vous vantent par tout , & le prime, & l'ex-
Vous auez le profond d'vn celeste sçauoir: (treme.
  Haulteur de noble estoc: largeur de bien-ueillãce:
    Tellement qui vous voit, voit ce qui se peut voir,
  De beau, de grand, de sage, en vous prendre seance.
Heureux est nostre siecle, plus plus heureuse encor
  L'Eglise, & le senat, où brille vostre gloire:
    Comme de Latoide (entre les astres d'or)
  Le front vouté d'argent, par la nuit brune-noire.
Soit que les triples sœurs, de leur fatal ciseau
  Trenchent à tous humains la trame de leur vie:
    Vostre los toutesfois ne verra le tombeau,
  Malgré le temps, la mort: ny la blassarde enuie.

N. SORET.

Mais vous estes bien plus que Phœbus admirable:
Car vous changez le vice en des perfections.

Bel esprit que i'adore, & que chacun admire;
Que vous estes heureux en l'heur qui vient de vous!
Et les vostre contens sur qui vous faictes luire
Des rayons, dont Phœbus ore mesme est ialous! (mode,
Mais il n'est pas tout seul, non que l'on treuue au
Quelqu'vn qui presumast d'estre vostre enuieux:
Vos discours ensucrés de suaue faconde,
Desirez des humains sont enuiez des Dieux.

N. SORET.

AD ORNATISSIMVM
ECCLESIAE PARISIENSIS CANTOREM,
Senatoremque ex prima decuria inte-
gerrimum DominumD. Ruellé.

ANDIDA mens est grata Deo, mens conscia
recti:
Est mens fraude carens hostia grata Deo,
Qualis simplicitas tua, nullis oblita fucis,
Qui bonus es totus pectore, fronte, manu.
Relligionis amans veræ, cultorque, vetustos
Quales prisca fides, firmaque cantat auos.

N. SORET,

A MONSIEVR MONSIEVR SEGVIER
Doyen de l'Eglife de Paris, & Confeiller
de la Cour de Parlement.

STANCES.

*L*A *fille de Themis ayant quitté les cieux,*
  Legere defcendit en la plaine du monde:
  Triant pour fõ hoftel, afin qu'õ la veit mieux,
  De voftre braue efprit la hauteffe profonde.
Quiconque vous regarde il la voit clerement:
  Et comme en miroir vous vous voyez en elle:
  Par vos iuftes arrefts rendus fi purement,
  On vous eftime bon, & la iuftice belle.
Comme vn cube parfait à trois dimenfions,
  L'argeur, profonditè, & la haulteur de mefme.
  Toutes trois on les treuue, en vos perfections,
  Qui vous vantent par tout, & le prime, & l'ex-
Vous auez le profond d'vn celefte fçauoir: (treme.
  Haulteur de noble eftoc: largeur de bien-ueillãce:
  Tellement qui vous voit, voit ce qui fe peut voir,
  De beau, de grand, de fage, en vous prendre feance.
Heureux eft noftre fiecle, plus plus heureufe encor
  L'Eglife, & le fenat, où brille voftre gloire:
  Comme de Latoide (entre les aftres d'or)
  Le front voutè d'argent, par la nuit brune-noire.
Soit que les triples fœurs, de leur fatal cifeau
  Trenchent à tous humains la trame de leur vie:
  Voftre los toutesfois ne verra le tombeau,
  Malgré le temps, la mort: ny la blaffarde enuie.
                              N. SORET.

AD D. D. BLONDETVM ET SORETVM.

EPIGRAMMA.

E X vtero quondam cum vos Lucina vocaret,
Phœbus ab excelso Parnassi culmine lapsus
Affuit, atque suos vobis afflauit honores.
Sed quia Musarum, magnos conceperat æstus:
Nec poterat tantos solus quis ferre calores,
Conceptum numen diuiso temperat igne,
Sic BLONDETE suis Phœbus te cantibus ornat:
Sic SORETE suis Phœbus te versibus ornat:
Munere quemque suo, seseque infundit in ambos
Inspiratque animos, sacrisque furoribus implet.
Tandem dulcisonos BLONDETI Francia cantus
Audijt, obstupuitque simul : quâ Parisiorum
Insula, Sequanidum cursus partitur aquarum.
Quâ geminas tollit mirando pondere turreis,
Templû horrendum, ingens, vbi nunc hominûq; deûq;
BLONDETVS doctis permulcet cantibus aureis.
Inde SORETE tuos mirata est vidula versus:
Quâ lentos agitans cursus Durocottoron ambit:
Quâque tua ingenti decurrens musa Cothurno,
Rhemeneis quondam pertraxit carmine Nymphas.
Sic vos Phœbus amat: sic vos complexus in vnum,
Harmonicos cantus, & rithmica carmina curat,
Exponens summo pariter sua dona theatro.
Atque vt cognatis donauerat artibus ambos,
Ambos troiugenas, Paridisque, Remique nepotes;
Sic vos arcanis coniunxit sortibus vltro,
Paulatim efficiens vnam, duo corpora, mentem.
Viuite fœlices, & quæ modo fœdera sanxit
Phœbus, pacificâ firmet concordia dextrâ,
Et vobis triplici iungat me Gratia nodo.

N. BERGERIVS *Rhemensis*
Aduocatus.

SVR LA MVSIQVE DE
MONSIEVR BLONDET.
AV LECTEVR.

L'Air de Blondet qui sur l'air vole
　N'admet rien sale, ne friuole:
　Mais Theoricien est-il,
　Et Praticien tout honneste,
Qui de ses trois points t'admoneste,
Delectable, net, & vtil.

De Nauieres G S:P.R.

A MONSIEVR SORET.
STANCES.

D'Ov ces carmes diuins? d'où ceste saincte Lyre,
　Qui pousse ses accords à la voute des cieux?
　Ah! Cecile vrayment pour chanter son martyre,
　Vous a transmis du Ciel son luth harmonieux.
Car il faut, Mon SORET, vne voix sur-humaine:
　Pour deument entonner ces chants tragique-doux,
　Vne Lyre ne peut, sinon que bien hautaine,
　Mignarder ces accents, dont Phœbus est ialoux.
La vierge dont le los, est semé dans voz carmes,
　A iointes ses chansons à voz nobles labeurs:
　Vous chantiés d'vne part ses maux & ses alarmes:
　Elle d'autre exercoit ses fredons charme-cœurs.
Vn iour heureux viendra qu'vn celeste salaire
　Couronnera voz vers, & voz faits vertueux:
　Car ceste vierge icy, placera, debonnaire,
　Vostre esprit au palais des esprits glorieux.

C. PESCHEVR Rhemois.

é

A MONSIEVR BLONDET
Chanoine & Maiſtre de la Muſique
de l'Egliſe de Paris.

SONNET.

IE ne voudrois pour rien me meſler d'en-
   treprendre
  De nombrer tes vertus, de chanter
   ton ſçauoir,
De dire ta prudence, & vanter ton pouuoir:
Ma langue eſt trop ruſtique, & ma force trop ten-
  dre.
Il en faut bien vn autre, & qui ſe face entendre:
  Faut vn ſubtil eſprit, pour en ſoy conceuoir,
  Et conceuant priſer ton pretieux auoir
  Du bel art Phœbean, que tu nous fais apprendre:
Ouy, ie croy, que Mercure, Amphion, & Phœbus
  Des modes Muſicaux, dont ils eſtoient imbus,
  S'ils eſtoient icy bas t'en donneroient la gloire.
Courage, mon BLONDET, l'honneur de noſtre temps:
  Compoſe, chante, eſcry: car c'eſt ton paſſe-temps:
  Tu te baſtis ainſi vn temple de memoire.

                I. CACHET ſon humble diſciple.

A MONSIEVR SORET.

LE POETE *de Mantouë esguillonné d'enuie,*
De rendre à ses nepueux la grace, & la douceur
D'Helicon empruntée, employe (en la faueur
D'vn Ænée) son tout: pour le nous rendre en vie.
Du Grec tant regretté, L'iliade est suiuie
D'vn Hector, d'vn Achille: où la grande valeur,
De leurs armes, cogneuë estoufe la rigueur,
Et le sort importun de la fatale enuie:
Ainsi toy, mon SORET, *à l'exemple des tiens,*
Mais loin du paganisme, & proche des Chrestiens:
Tu fais boire à longs traits le nectar de ta Muse,
En nous representant, & la vie, & la mort
D'vne Saincte Cecile: où ton vers doux & fort,
La rend viue en noz cœurs: tant plaisant il amuse.

I.R.P.D.S.S.

A MONSIEVR SORET.

DE puis le temps d'Orphé estoient deuenus sourds
L'immobile rocher, la sauuage forest,
Les brutes insensés, les fleuues vont-tousiours:
Mais pour les faire ouyr, Dieu suscita Soret.

Par le mesme Cachet, son tres humble disciple.

ANAGRAMMATISMVS.

NICOLAVS SORET.

SORS TVA IN CELO.

I fortuna tuo nusquam non parca labori
Extitit: IN CELO, SORS TVA fausta iacet.

Ab eodem Cachet.

é ij

ANAGRAMMATISMVS.

ABRAAMVS BLONDET.

BLANDVS AMOR BEAT.

Perpetuò fœlix, viuat BLONDETIVS, orbi:
Quem, nunc BLANDVS AMOR, blandaque mufa BEAT.

Idem Cachet.

L'AVTHEVR A SON LIVRE.

VA-t'en petit liuret, va-t'en à la cẽfure,
Des critiques cerueaux des hommes
de ce temps:
Ie te confeille bien d'endurer leur morfure:
Car où l'on treuue à mordre, on apporte les
dents.

N. SORET.

AV ZOILE DETRACTEVR
DE CESTE TRAGEDIE
de Monsieur Soret.

DV Tyran les rigueurs dépites,
A Cecile trenchent le chef.
Et toy, rasoir, tu precipites
Contre ces vers ton hoche-chef.
Que penses-tu? tu decapites
Saincte Cecile de rechef.

De Nauieres G S: P. R.

L'ARGVMENT

DE LA CECILIADE.

ECILE pucelle Romaine, fille de noble race, inſtruicte dés ſon bas âge en la Chreſtienne foy, conſacra à Dieu ſa virginité : toutefois contre ſon vœu, elle fut donnée en mariage à Valerian gentil-homme Payen. La premiere nuict de ſes nopces elle luy dict, ſçachés que ie ſuis la pupile d'vn Ange, qui garde ma chaſteté : n'entre-prenés rien ſur moy pour ce ſubjet, de peur que vous n'atiſiés l'ire de Dieu contre vous. Dequoy demeurant tout eſmeu, il n'oſa pas l'attoucher : mais luy dit qu'il croyroit vrayment en Ieſus-Chriſt, s'il voyoit ſon Ange. Elle reſpond qu'il eſtoit impoſſible qu'il le veit ſans le Bapteſme : luy eſguillonné de ce deſir, y conſentit librement. De fait que par la remonſtrance de ceſte vierge, allant chercher le Pape Vrbain (qui à cauſe de la perſecution eſtoit muſſé aux ſepulchres des martyrs, en la voye appienne) fut baptiſé par luy. Et retournant vers elle, il la trouua priant Dieu, ſon Ange à ſon coſté brillant d'vne clarté diuine, dont il fut eſperdu, & reuenu à ſoy, il s'en alla faire venir Tiburce son cadet, lequel enseigné en la foy de Iesus-Christ par Cecile: se fit aussi baptiser, & eut l'heur & l'honneur de voir l'Ange d'icelle. Peu apres ces deux freres endurerent constamment le martyre soubs le Preuost Almachie: qui fit incontinent empoigner ceste vierge, & luy demanda les richesses de Valerian, & Tiburce, auquel comme eut fait responce, qu'elles les auoit distribué aux pauures, bouffi de colere, il la fit mener chez luy, & ietter dãs vne chaudiere d'eau boüillante, où elle fut vne nuit & vn iour entier, sans que la flamme l'offençast. Ce qu'estãt r'apporté à Almachie, il cõmanda au bourreau de luy trencher la teste au mesme lieu: il prend son espée, & la frappe trois fois, sans luy pouuoir abbatre: si qu'il la laissa là demy-morte. Et trois iours apres qui estoit le dixiesme iour des Calendes de Decembre, regnant lors l'Empereur Alexandre, elle fut dignement timbrée de double palme, & de martyre, & de virginité; & ainsi elle s'enuolla au Ciel.

LES ACTEVRS DE LA TRAGEDIE.

PATRICE	Pere de Saincte Cecile.
EMILIE	Mere de Saincte Cecile.
SAINCTE	CECILE.
L'ANGE.	
VALERIAN	Espoux de Ste Cecile.
TIBVRCE	Frere de Valerian.
ALMACHIE	Preuost de Rome soubs l'Empereur Alexandre.

MOVSTAROT Bourreau.

LA CECILIADE, OV MARTYRE

SANGLANT DE Ste CECILE VIERGE, PAtrone des Muficiens, où font entre-mélez plufieurs beaus Exemples moraux, graues Sentences, naïues allegories, Difcours Politiques, & comparaifons familieres conuenables tant aux perfonnages, qu'au fujet, auec les Chœurs des Actes mis en Mufique par Abraham Blondet Chanoine, & maiftre de la Mufique de l'Eglife de Paris.

ACTE PREMIER.

PATRICE COMMENCE.

COMME quand le flambeau du monde vuide-épars,
    Eparpille en courant fes rays de toutes parts
Vers l'endroit le plus coy d'vne colline herbeufe,
Moitemęt fraiche au bas d'vne humeur douce-aqueufe:
Là le Thim, le Cyprez, le Báume, le Safran,
L'œillet, le Tourne-fol, le Souchet, le Diptan,
L'Anis, la Paffe-fleur, le Bugle, la Pcüœne,
Le Seau de Salomon, L'Efclaire, la Betoëne.
Le Narciffe, L'Aneth, L'Amaranthe, le Lys,
Les cheueux de Venus, la Squille, l'Encolis,

Comparaifon du Soleil rapportée à la grace diuine, laquelle produit des vertueux effets en l'ame où elle eft verfee cöme le Soleil fait efclorre maintes belles fleurs, la part où il darde

A

LA CECILIADE.

2

*mieux, &
plus fou-
uent fes
rayons.*

L'Aconite, le Ionc, la froide Mandragore,
L'Ache, le Serpolet, & le double Elebore.
Bref mille belles fleurs, mille fimples diuers,
Et mille autres fions d'arbriffeaux toufiours vers
D'vn émail bigarré embelliffent ce tertre,
Où paroift la vertu du pere de leur être.
Ainfi ce grand Soleil qui eft tout, qui void tout,
Qui premier & dernier, n'a principe ny bout,
Verfant le feu facré de fa grace abondante
Sur le champ aplany d'vne ame obeïffante:
Feconde elle conçoit, & conceuant produit
Des plus rares vertus, & les fleurs, & le fruit.

*Audace ex-
cufable
d'vn pere
de loüer fes
enfans en
tant qu'ils
tracent le
fentier des
vertus.*

Grand Dieu, pardonne moy, fi de ma chere fille,
Fille de noble fang de Romaine famille,
Parlant ainfi, ie veux (groffy d'ambition)
Blafonner en public fa grand' perfection.
Me femble que toufiours vn pere eft excufable,
Pour bien dire des fiens, en chofe veritable.
Elle ne tient de moy, que le corps fimplement:
,, Qui caduque viuant, foit peu, foit longuement,
,, Eft fujet au retour de fa prime matiere,
,, Par le rafoir fatal de la Parque meurtriere:
,, Mais ce qu'elle a de plus, comme de bel efprit,
,, Les fens interieurs, la raifon, l'appetit,
,, Le fubtil intellect, & l'heureufe memoire,
,, Venant de vous, à vous, elle en remet la gloire.

*Deuoir
d'vn bon
pere tou-
chant l'in-
ftruct ō de
fes enfans*

Et moy fon geniteur épris de fon falut,
(Eftant d'vn vray Chreftien la vifiere & le but)
Comme ie l'apperçeu dès fon aage d'enfance
Porter l'image au front d'vne bonne efperance:
Ie ne m'oubliay pas de prudemment pouruoir,

A ce, dont nous oblige vn paternel deuoir.
Soudain donc quelle sçeut delier la parole,
I'eu le soin aussi tost de la mettre à l'escole;
Tant pour luy caneler sa puerile aigreur,
Que pour mouler ses ans au culte du Seigneur,
Sur le niueau reiglé de sa saincte ordonnance,
Ouurée par la foy, l'amour, & l'esperance,
A quoy pour mon honneur, & grand contentement,
I'ay voulu quelle fust instruite sagement:
Ayant à ce sujet dans le pourpris de Rome,
Trié pour Pedagogue vn fort excellent homme.
Si qu'elle est maintenāt (dont ie rens grace à Dieu)
La fille apprise mieux, qui soit en autre lieu.
Ie ne sçay, mais ie voy, qu'vne auguste fortune
Vient doucement enfler d'vne halaine opportune,
Les voiles empoupés de mes plus beaux desseins:
Et les faisant flotter dessus des hermes saincts,
Les guident tellement, que par son bon auspice,
Et souz l'esclair diuin d'vne celeste Elice
Ils surgissent heureux, dans le haure asseuré,
Comme ie les auois en mon cœur desiré.
Mais, mais, de qui pourroit en ressortir la cause?
I'y songe, i'y rumine, & faisant longue pause
La dessus, ie me treuue au bout aussi sçauant,
(Tant ie suis estonné) que i'estois pardeuant.
Si ie pense fonder tels succez fauorables
Sur le ferme piuot de mes vertus loüables:
Ah! que ie suis trompé! que mon entendement
Paroist bien frenetic en si fol iugement!
,, Nos sainctes actions, nos plus graues merites,
,, Sont (si nous les vantons) sales pechez tacites.

Bon heur
aux parens
quand leurs
enfans se
comportét
sagement.

A ij

Ce n'eſt donc point ſur moy qu'il faut les attacher:
Mais quelque bon Genie en eſtant le nocher,
Ne m'abandonnant point de ſa fidelle cure,
Des cieux riches de biens, ces biens-là me procure.

Emilie & ſaincte Cecile viennent ſur le theatre.

Voicy mon autre tout, mon unique repos,
Et ma Cecile auſſi os & chair de mes os,
Le temps s'en va venu qu'eſtant ià mariable,
Ie la veux appointer d'un beau party ſortable:
Son naturel humain, & ſon deub filial,
Ne doiuent refuſer le lien nuptial
Où ie la veux bien toſt eſtroictement conioindre,
Que le fer, ny la mort ne pourra les diſioindre.
Et bien qu'en dittes vous, mon eſpouſe, mon cœur?

EMILIE.

Honneſte reſponſe d'une femme enuers ſon mary.

L'honorable reſpect, le point de mon honneur,
Et la candide foy que ie vous ay donnée
Par ſerment ſolemnel, au nopcier Hymenée
Veulent (mon cher Seigneur) qu'à voſtre bon plaiſir
Ie conſacre mes vœus, ie range mon deſir,
I'aſſeruiſſe mes loix, ie m'oblige moy meſme
D'entierement vouloir voſtre vouloir ſuprême.

L'origine & eſtabliſ-ſement du ſacré ma-riage.

Quand l'Architecte Dieu de ſon Verbe peut tout
Eut baſty l'Vniuers de l'un à l'autre bout,
Les flo-flotantes mers de poiſſons formillantes,
Les cieux tourner touſiours pleins d'eſtoilles brillätes:
,, La terre porte-fruicts fertile d'animaux
,, Et le vague de l'air eſcadronné d'oiſeaux.
,, D'un rougeaſtre limon, à l'inſtant il façonne
,, Des beſtes de raiſon la premiere perſonne:
,, Mais comme ce n'eſt rien qu'un fainéant geſir,

„D'eſtre ſeul, ainſi ſeul au milieu du plaiſir ;
„(Nature eſtant pluſtoſt de compagne amoureuſe,
„Que de la ſolitude eſtrangement faſcheuſe)
„Pour compagne à ce ſeul, de ce ſeul vn ſecond,
„Il tira dextrement de ſon coſté fecond ;
„Qu'il forma toutesfois de ſexe diſſemblable,
„Pour le monde peupler d'eſpece raiſonnable.
„Ce ſeul en double corps parfait artiſtement,
„Tous deux n'eſtoient pourtant qu'vne chair ſeulemẽt,
„L'ame qu'en les creant il leur auoit infuſe,
„N'eſtoit meſme qu'vne ame en eux-meſmes recluſe :
„Voulant comme ils auoient ſemblable eſtre commun,
„Qu'ils ne fuſſent auſſi d'ame ſimplement qu'vn.
„Mais que la femme fut à l'homme plus ſuiette,
„Pourautant que de luy ell' en eſtoit extraite.
    Voila pourquoy, Monſieur, tandis ſous la rondeur,
    Du globe de la Lune à la iaune candeur,
    Que l'ame auiuera voſtre eſpouſe fidele,
    Elle ne vous ſera de rien qui ſoit rebelle.
    Me conformant ainſi au diuin mandement,
    Pour à luy, comme à vous, complaire entierement :
    Ains que noſtre couple-vn d'vniforme nature,
    Le ſoit de volonté reciproquement pure.

                    PATRICE.
    O Dieu, que ie te ſuis à bon droit obligé
    Ioüiſſant d'heur contraire au chetif affligé !
„Qui ores que le ſort l'aſſaut & le trauerſe,
„Tantoſt d'vne façon, tantoſt d'autre diuerſe,
„Doit nantmoins patient, au milieu de ſon mal,
„Benir Dieu d'humble cœur, au deſaſtre fatal.
    Et moy vers qui benin tu prodiges tes graces,

                              A iii

Soit en femme, en enfans, soit en richesses grasses:
Dois-ie pas d'autant plus recognoistre ces biens?

EMILIE.

Voire, autant que raison vous fournit de moyens.

PATRICE.

Ie le feray, mon cœur,

EMILIE.

Ie suis de la partie:
La fortune entre nous n'estant point mi-partie,
Ioint qu'vn double biē fait veut double grād-mercy,
Vnimode de voix, & de l'esprit aussi.

PATRICE.

Que dis-tu là dessus, Cecile ma mignonne,
Veux-tu pas loüer Dieu des faueurs qu'il nous donne?

SAINCTE CECILE.

Comparai-son de l'eau versée au pied d'vn arbre, la-quelle rā-pe peu à peu, depuis le bas ius-qu'au som-met, le fai-sant reuer-dir & fru-ctifier, icel-le rappor-tée à la bō-ne fortune d'vn pere laquelle se répend aus-si sur toute sa famille.

S'il est vray, comme il est, (mon bien-aimé Seigneur)
Ouy, dis-ie, s'il est vray, qu'vn aquatile humeur
Abondamment versee au pied profond dans terre
D'vn haut arbre fruictier, planté en bon parterre
Va rampant peu à peu des racines , au tronc ,
Du tronc aux bras , des bras aux fruicts pendans adōc
Le faisant reuerdir, mais en baissant sa teste,
D'autant qu'il est chargé par le bas iusqu'au feste.
Pourquoy donc auiourd'huy, moy qui vous appartiēt
D'aussi prés que le fruict de l'arbre, dont il vient,
Qui suis mesme ce fruict premier de vostre souche,
Heureusement produit de coniugale couche:
Ne chanteray-ie pas au Monarque des cieux,
Quelques sacrez Peans, d'vn vers deuotieux,
Me ressentant aussi de ce bon-heur prospere,
Qu'il fait pleuuoir sus vous, vous qui estes mon pere?

Ouy, tant que l'on verra dans son char lumineux,
Phœbus aux crins dorez, postiller matineux,
Depuis le chaut Leuant, iusqu'au Ponant humide,
I'en publiray son nom de voix graue liquide.

PATRICE.

O tesmoignage seur d'vn enfant bien appris,
Illustre parangon des graces de Cypris !
Est-il rien de plus vray, m'amie que t'en semble?

EMILIE.

En beaucoup, de vertus certe elle vous ressemble.

PATRICE.

Elle tiendroit plustost de vos prudentes mœurs.

EMILIE.

Mes mœurs ce sont des fruicts qui ne sont encor meurs

PATRICE.

Il vous plaist dire ainsi, c'est vostre gentillesse,
Qui faisant bell' escorte à vostre alme sagesse,
Se veut, en s'abbaissant par ce mignard propos,
Dauantage lustrer la grandeur de son los :
Comme vn peintre galant rend plus beau son ouurage;
D'autant plus qu'à propos il l'ombrage d'ombrage.
Posons-là ce discours, Cecile parle a moy,
Veux-tu pas maintenant me priuer de l'esmoy,
Qui peut en peu de temps (si tu me contrarie)
Me metamorphoser en tigresse furie ?

SAINCTE CECILE.

Que plustost deuant vous vn tonnerre grondant,
(Parmy l'air nuageux deçà, delà rodant)
Tombe à plomb dessus moy, pour m'escraser la teste:
Ou plustost deuant vous qu'vne horrible tempeste
M'emporte pardela les atrienes eaus,

d'vn enfant
vers son
pere.

Et de là me resouffle en bas sur les carreaux,
Ou plustost que la terre ouure son large ventre,
Pour viue m'engloutir iusques dedans son centre:
Que ie vueille iamais, ou que ie songe point
A vous desobeir seulement d'vn seul point.

EMILIE.

Voila des termes vrais d'vn enfant debonnaire.
Le violent effort du sort le plus contraire
Darde tant qu'il pourra ses fers plus penetrans
Si ne blessera-il ny toy, ni tes parens,
Si tant est que tu sois constamment resoluë,
De desobeissance oncques n'estre polluë.

SAINCTE CECILE.

Que mon pere m'espreuue en ce qu'il luy plaira,
Tousiours à le seruir preste il me trouuera.

PATRICE.

Remon-
strance de
sage pere à
ses enfans,
quãd il les
veut es-
mouuoir
à se ranger
à sa volon-
té, princi-
palement
lors   qu'il
les veut
marier.

Ma fille c'est assez, ie n'en fay point de doute:
Passe, vien prés de moy, & soigneuse m'escoute.
L'on dit que c'est beaucoup que de bien commencer,
C'est dauantage encor de plus outre auancer:
Mais la perfection de la chose parfaite,
C'est quand absolument à son gré l'on l'a faite.
Ores tu recognois que nostre Hymen égal,
(Estroictement serré par le nœud coniugal)
Sous la faueur d'enhaut, t'a fait naistre en ce monde,
Ta mere, & moy n'estans que la cause seconde:
Laquelle tendrement, dés ton pleureux berceau
Te nourrit de son lait, autant bon, qu'il est beau.
Apres cét appareil, la parentele cure,
Nous espoint te bailler vne autre nourriture
Qui ne sustentast point ton corps tant seulement:

Mais dreſſaſt aux vertus ton bel entendement,
Selon le braue eſtoc, & le rang de nobleſſe,
Que dans Rome ie tien, & vous (chaste maiſtreſſe)
Nous auons apporté cet office ſecond,
Auec autant de ſoin, qu'vn deuoir nous ſemond.
Reſte donc le dernier, où droictement ie viſe :
C'eſt que comme deſia nubile ie t'auiſe,
Pour noſtre heureux repos, il nous faut te pouruoir
D'vn riche eſpoux pareil, de race, & de pouuoir,
Vn extreme regret captiueroit mon ame,
S'il me falloit entrer dans la gondole infame
Du mauſſade Charon nautonnier ſtygieux
Deuant qu'à ton plaiſir, ie t'euſſe ſoucieux
Couplee ſoubs le ioug du ſacré mariage,
Sortable à ta maiſon, à tes biens, à ton âge.

SAINCTE CECILE.

Pardonnez moy, monſieur, l'enfant porte-carquois,
Dont les traicts amoureux rangent deſſous ſes lois
Les plus creſtés d'orgueil, les plus fiers, les plus graues,
Fuſſent Dieux, fuſſent Rois, nobles, bourgeois, eſclaues :
Or qu'il guette ruſé, afin de m'attaquer,
N'a peu trouuer moyen de ma pouuoir piquer.
Vne grand' Deité, que ie ſers humble ſerue,
De ſes plus fins aſſauts m'affranchit, & preſerue,
Ie deſirerois fort (mais ſans vous offencer)
Qu'il vous pleuſt de mary vouloir me diſpenſer.

Belle excuſe d'enfant qui ſeroit encor ieune, ou qui deſireroit de garder ſa pudicité.

PATRICE.

C'eſt à quoy maintenant i'abutte ma pourſuitte.

SAINCTE CECILE.

A mondainement viure on ne m'a point inſtruite,

B

EMILIE.

» *Et quoy, le mariage est-il pas sacré-sainct?*

SAINCTE CECILE.

» *Il ne prospere pas, quand il est trop contraint.*

EMILIE.

» *Mais ne tiendrez vous pas telle reigle d'œuure*
Que vous semblera bon?

SAINCTE CECILE.

» *Madame il conuient suyure*
» *Le mandement exprés de son fidelle espoux.*

EMILIE.

Il est vray , Dieu le veut : pour cela lairez vous
A part vous en priué de tenter quelque espreuue,
Qu'apres vostre trespas vostre belle ame treuue?

SAINCTE CECILE.

La femme n'a plus là de libre volonté

PATRICE.

» *Vne fille encor moins vers son pere indomté.*
Partant comme ie suis le tien, ie te commande
Qu'à ce braue Seigneur, qui de soy fait offrande
A toy sa chere Nymphe, aussi que sans ranc œur,
Au nom d'vn bel Hymen , tu luy sacre ton cœur.

SAINCTE CECILE.

Tout ce qu'il vous plaira, faut que ie l'accomplisse:
Car le prompt obeyr, vaut mieux que sacrifice.

VALERIAN.

Valerian
viédra chã-
ter cet air
en faueur
de sa mai-
stresse sain-
cte Cecile.

La Nymphe que i'adore,
Plus belle que Cypris:
D'vn soucy me deuore,
Et rauit mes esprits.
     Helas amour la cruauté

Loge t'elle en si grand' beauté.
Ie ne vy que par elle,
Par elle ie me meurs :
Ie meurs m'estant rebelle,
Et vy par ces douceurs.

Helas amour la cruauté, &c.
Viure & mourir ensemble,
Pour vn si beau sujet ;
C'est tout-vn ce me semble
A l'amoureux parfet.

Helas amour, &c.
Mourant par sa disgrace
Il finit son malheur :
Et venant en sa grace
C'est le point de son hœur.

Helas amour, &c.
Heureux & miserable
Est vn fidelle amant,
Dont l'amante semblable
Porte ioye & tourment.

Helas amour, &c.
Heureux quand sa maistresse
Luy rit à tout propos
Miserable sans cesse
En luy tournant le dos.

Helas amour, &c.

PATRICE.
Qu'est-ce que i'enten-là : mais quoy n'enten-ie pas ?
C'est vn air Musical, paix, paix, paix, parlons bas :
Oy ! mais n'est-ce pas là à mirer sa posture
N'estre Amant gracieux ? Ouy ce l'est, i'en iure.

B ij

EMILIE.

'O braue Gentil-homme! ô mignon de Pallas,
L'honneur des courtisans!

PATRICE.

Paix, paix, paix parlons bas.
Il ne sonne plus mot, voyons ce qu'il veut faire,
Escoutons-le parler, il vient pour cet affaire.

VALERIAN.

Valerian
poursuit à
chanter.

Ie ne sçay si Phœbus vitte courrier des cieux,
Qui voit tout icy bas de son œil radieux,
Quand pour nous éclairer de sa perruque blonde,
Il fait tousiours courant, sa iournaliere ronde.
Ie ne sçay dis-ie non, si dedans ce grand tout,
Il rencontre vn obiet plus pleinement absout
Des trophees de vertus, & raretés diuines,
(Qui morguent du destin les trauerses malines)
Que celle à qui ie suis seruiteur consacré;
Bruslant en son amour, d'amour sainct & sacré:
O chef d'œuure parfait de nature fœconde!
Petit monde gentil, somme du petit monde!
Ma Cecile mon cœur, ma vie, mon soulas,
Nymphe pour ta beauté digne d'vn bel Hylas:
Hylas autant orné de beautés nompareilles
Que tu es à bon droit, merueille des merueilles!
Quel hœur, Valerian, mais quel hœur plus heureux
Ie ciel large donneur de ton hœur desireux,
Te peut-il prodiger en ce mortel passage,
Qui te puisse iamais bien-heurer d'auantage,
Que de faire surgir tes desseins incertains
Au salutaire port où presques tu atteins?
Si fortuitement vne mesauenture

D'enuie trouble-tout implacablement dure,
Ne se fourre meschante, au point que tu serois
Desia prest d'attoucher au but auec les doigts :
Te repoussant ainsi (pour plus te rendre infame)
Loin du haure amoureux des graces de ta dame:
Comme on voit quelquefois arriuer au nocher,
Qu'vn orage mutin lance contre vn rocher,
Lors qu'il cuide ioyeux, à cet endroit qu'il vise,
Son nauire aborder chargé de marchandise.
Non, rien en verité ne peut combler mon heur,
Qu'vne vnique Cecile hostesse de mon cœur.
O Iupin Dieu puissant, ô Iunon la nopciere,
O courtoise Venus escoutés ma priere!
Commandez s'il vous plaist au Dieutelet amour,
Qu'il aille finement toupier à l'entour
De celle dont ie suis amoureux par luy mesme :
Mais ie dis amoureux de passion extréme:
Qu'il luy decoche vn trait de ses traits boute-feu
Ains ((qu'esprise de moy, comme d'elle ie fu,
Quand il me l'enfonçast iusques dans la moüelle)
Elle m'ayme aussi tost d'vn vnanime zele.
Voicy-pas ses parens? ce sont-ils que ie croy,
Et ma maistresse aussi, bon augure pour moy.
Monsieur ie vien expres, guidé de l'esperance,
Faire à vostre grandeur ceste humble reuerence.

Priere d'A-
moureux
pour estre
aymez en
aymant.

PATRICE.

Soyez le bien venu: ie ne puis receuoir,
Plus grand heur auiourd'huy, que cet heur de vous
EMILIE.   (voir
Monsieur pour mon regard ie suis aussi contente,
,,Que l'on a du plaisir du fruit de son attente.

PATRICE.

Cecile qu'en dis-tu? quoy ne parles-tu point:
Voicy ton seruiteur arriué fort à point:
Pour clorre le contract de vostre mariage.
Sus, baisés luy les mains.

SAINCTE CECILE.

Ie n'ay pas le courage.

PATTRICE.

Quoy? quoy? Ie vous entens.

SAINCTE CECILE.

Monsieur dispensez moy
De ce fascheux lien de coniugale loy.

VALERIAN.

Helas ie suis perdu! petit Dieu porte-fleche,
De grace enflames-là d'amoureuse flamesche:
Afin que comme ià, ie voy son pere enclin
A mes vœux; qu'elle y soit de mesme à pur à plein.

PATRICE.

,, Tout beau, môsieur, tout beau, la volonté d'vn pere,
,, N'a pas moins que l'amour de force en cet affaire.
Ne m'as-tu pas promis tantost que tu ferois,
(Quant ie t'en ay parlé) tout ce que ie voudrois.

SAINCTE CECILE.

Bien, ce qu'il vous plaira faut que l'accomplisse:
,, Car le prompt obeir vaut mieux que sacrifice.

PATRICE.

Or baisés vous l'vn l'autre, & toy Valerian
Baille luy vn anneau au nom de ce lien.

VALERIAN.

Tenez en voila vn des plus beaux que ie sçache,
Mettez-le en vostre doigt, sans mentir il me fasche,

Qu'il ne vaut encor mieux que vous le meritez,

SAINCTE CECILE.

C'est assez grand mercy, PATRICE.
Les douces voluptez,
Nous atttirent la part où le plaisir s'appreste
Allons à la maison, nous parferons le reste.

LE CHOEVR.

Ils sortent.

Le soucy du pere prouide
De ses enfans :
Tousiours est d'autant plus auide,
Qu'ils se font grans :
N'aiant l'ame assouuie
Tant qu'en sa vie,
Chacun d'eux soit pourueu,
Selon son deub.
Ses fascheux trauaux & sa peine
Visent tout droit,
A ce qu'vn Hymen les enchaine
D'vn nœud estroit.
N'aiant l'ame assouuie
Tant qu'en sa vie.
Chacun d'eux soit pourueu
Selon son deub.
Puis quand à son plaisir extreme
Tout leur va bien :
Le dart mortel de la mort bléme
Ne luy est rien ;
N'ayant l'ame assouuie
Tant qu'en sa vie
Chacun d'eux soit pourueu Selon son deub.

ACTE SECOND.

Patr. Emil. Valerian, S. Cecile.

Mariage
conclud.

EN fin elle à parlé, en fin tout est conclud:
En fin ne reste rien qui ne soit absolut :
I'éten pour le regard de leur foy mutuelle,
L'vn à l'autre iuree en ma main paternel-
Par le grand Dieu nopcier, qui les a couronnez,　(le,
Sous l'aueu de Iunon, des thresors butinez,
Iusques dans le iardin fleurissant aggreable
Des Hesperides sœurs : qu'vn dragon effroïable
Garde soigneusement, qu'on n'en cueille des fleurs
Peintes d'vn bel email de cent mille couleurs.
Vrayment à ce subiect il me prend vne enuie
(Mon ame se trouuant ores tout assouuie.

Patrice
chante.

De son ardent desir dés long temps medité)
De chanter maintenant d'vne alaigre gayté:
Io, o Hymené
Hymen, hymen, hymenee :
Io, Io, Io,
Hymen, hymen, hymenee.

EMILIE.

Bel exēple
pour vne
fēme, afin
de se con-
former à
sonespoux.

De rien ne seruiroit vn spectacle esleué,
Tant de perles, que d'or richement releué :
S'il ne tire de pres au naturel visage,
De celuy, dont il doit effigier l'image.
De rien ne sert aussi la femme à son marit,
Bien que riche elle fût, braue, & d'vn bel esprit:

Si

Si quand il est ioyeux elle fait triste mine,
Et quand il est fasché de ioye elle trepigne.
Car tant s'en faut, ainsi qu'elle en fut le pourtrait,
Elle n'en marqueroit seulement vn seul trait.
Moy qui vous appartien par ce tiltre d'espouse,
Ie dois simboliser à vous en toute chouse.
Puisque donc ie vous voy plainement resiouy
De ce nœud coniugal: ie le seray. Ouy.
Io, o hymené
Hymen, hymen, hymenée:
Io, io, io,
Hymen, hymen, hymenée.

VALERIAN.

Comme vn coup eslancé au senestre costé
Redonde en l'autre, autant que s'il y fut porté:
Et le cas escheant, qu'il fut premier au dextre,
C'est sans doute qu'aussi s'en ressent le senestre.
,,Pour autant que le corps symetriment conioint
,,Ne veut estre, & ne peut qu'à grand perte disioint:
,,Ainsi que l'accident oncques ne se dégage,
,,De son fixe suiet qu'auecques son dommage.
De mesme le bon-heur, ou sort infortuné,
(Sur vn pere, ou les siens inesperement né)
Doit estre également supporté par ensemble,
A la discretion telle que bon leur semble.
Moy doncques auiourd'huy, moy, qui à cet honneur
De vous estre allié pour gendre & seruiteur:
Si vous estes comblez d'vne heureuse liesse,
Pour cet heureux lien de moy, & ma maistresse;
Ne le seray-ie pas, puis qu'à nous, comme à vous,
Cet imprisable bien est commun entre nous?

Autre bel exemple, pour les enfans, afin qu'ils portent égalemēt le bō-heur, ou malheur de leurs pares.

C

Valerian chante.

Io, o hymené
Hymen, hymen, hymenée :
Io, io, io,
Hymen, hymen, hymenée.   SAINCTE CECILE.

Ie ſçay (mes chers parens) pour auoir autrefois
Ouy continuer auec pareille vois
Vn canon muſical, à quatre ou cinq parties,
Qu'apres l'vn l'autre on fait des poſes bien parties:
Ainſi c'eſt à mon tour, & pour vous contenter,
Qu'au nom de noſtre hymen, il me conuient chanter,

S. Cecile chante.

Io, o hymené,
Hymen, hymen, hymenée,
Io, io, io,
Hymen, hymen, hymenée.   PATRICE.

Remon-ſtrace d'vn pere à ſa fil-le, comme elle ſe doit comporter en maria-ge vers ſon mary. Remarqua-ble anti-quité au ſa-crifice des mariages

Ma fille, mon ſoucy, mes delices, mon tout,
Sus doncques, ſus il faut d'vn vouloir bien reſout,
Qu'à ton Valerian tu ſois obeiſſante
Iuſques au dernier point de ta courſe gliſſante,
Tu vueilles, ce qu'il veut, tu faces ce qu'il fait,
Sans que d'vn noir chagrin paroiſſe vn moindre trait
Quand on ſacrifioit ſelon la mode antique,
Vne graſſe victime à Iunon l'Argolique;
Le ſacrificateur auoit accouſtumé
Premier que la bruſler ſur l'autel enfumé,
Du trenchant d'vn couſteau luy fendre la poitrine,
Iuſq'au foye bouillant où le fiel s'enracine:
Fiel amer, fiel mauuais, fiel mordant venimeux,
Qu'il arrachoit ſoudain, en preſence de ceux
Qui la luy preſentoient par humble ſacrifice;
Afin qu'à leur hymen elle leur fut propice:
Meſme tout quant & quant, d'vn office immortel,

Deuant tous le iettoit arriere de l'autel:
Pour monstrer qu'il failloit priuer le mariage
Du venin dangereux, de colerique rage,
Du mal impatient, de ialouse amitié,
Et de l'amer cuisant d'vne aspre inimitié :
Mais brusler sainctement en l'amoureuse flame,
Conforme en toute part d'esprit, de corps & d'ame.

EMILIE.

Vostre aduis me plaist fort : car il est important
Pour l'auguste repos d'vn coniugal amant,
Qui fait comme celuy, qui de soigneuse cure,
Des plus fiers animaux dresse la nourriture.
Il aduise premier, de quel humeur ils sont ;
Ce qu'ils aiment le plus, ce qu'en horreur ils ont,
Et l'ayant recogneu, prudent il s'accomode,
Pour les appriuoiser à leur brutale mode.
Bel exemple commun, & vraiment familier,
Pour quiconque se veut estroictement lier,
Au mariage saint d'vne chaine aimantine,
Ainsi comme l'entend la Pronube Lucine ;
Ains que l'hôme à la femme, & la femme à l'espoux,
D'vn mutuel accord soit paisiblement doux.

Bel exem-
ple où l'hô-
me, & la fé-
me appren-
nent à vi-
ure en paix.

VALERIAN.

Madame, à ce propos, propos qu'il ne faut taire,
Ie me ressouuien bien de la façon de faire
De ceux qui sont commis pour garde aux Elephans,
Qu'on nourrit à la main ainsi que des enfans.
Ils ne prendront iamais vne robbe luisante,
Peur de les prouoquer en colere bouillante.
Ceux qui pensent aussi les Toreaus furieux,
Ne se vestiront point de pourpre precieux :

Autre bel
exēple rap-
porté à ce
propos.

Et ceux qui pour domter les tigres indomtables,
Sont aux gages d'vn Roy, à leur charge, sortables:
Ne croyés ie vous pry' qu'ils osent en plein iour
Approcher au pan-pan d'vn estonnant tambour:
Car tant s'en faut qu'ainsi l'on esteignit leur rage,
L'on les enflammeroit encores dauantage:
Mais ils se seruiront pour les appriuoiser,
Du propre à leur humeur qu'ils pourront aduiser.
De mesme en ce lien qui n'est point déliable,
Afin que le mary se rende mieux sortable
Au reciproque endroit de son autre moitié,
Et qu'ils viuent tousiours en feale amitié,
La femme doit ourdir chose pour luy complaire
Et reciproquement enuers elle il doit faire.

SAINCTE CECILE.

Ià Dieu ne plaise, non, qu'à vos enseignemens
(Que conformes ie voy aux diuins mandemens)

Similitude de la mousche à miel à vn enfant qui reçoit volontiers enseignemét d'autruy.

I'aille contreuenant miserable orgueilleuse,
Las ! ce seroit pour moy chose trop dangereuse.
Comme la mouche à miel aliaigre cueille-fleur,
Voletant çà & là aux parterres d'honneur
Remporte peu à peu, dans sa ruche fertile,
Pour façonner son miel, ce qui est plus vtile.
Ainsi l'enfant bien nay, fort soucieux du sien,
Prend agreablement de tout homme de bien,
Ce que pour son profit, son salut, & sa vie,
Il cognoist, il entend, au gré de son enuie.
Donques promettes-vous, mon pere, mon seigneur,
Que ie ne terniray d'infame des-honneur,
Par refutation de vos preceptes sages,
Le lustre verdoyant du lustre de vos ages.

PATRICE.

Cecile c'est assez, me voila satisfait
Autant qu'vn à qui rid la fortune à souhait:

EMILIE.

,, T'es iours prospereront longuement sur la terre
,, Et ton los n'entrera au tombeau tout-enserre.

VALERIAN.

,, Le ciel te comblera d'innombrables faueurs,
,, Et le monde opulent t'enrichira d'honneurs.

SAINCTE CECILE.

,, Ces honneurs, ces faueurs, ce los, ce cours prospere
,, Sont vrayemët les loyers d'enfant hüble à son pere.

PATRICE.

Tu en parle scauante, & i'adjouteray bien,
Quand ces fileuses sœurs (sœurs qui n'espargnent rien
Soubs leurs ciseaux trenchans qui ne perde la vie)
De leurs meurtrieres mains la tienne auront rauie:
Que ton ame celeste ira iouir aux cieux
A toute eternité du repos glorieux.
Ores ce n'est pas tout de vostre foy donnée
Loyale entre vous deux, au nom de l'Hymenée,
Si vous ne ioüissez du fruit Citerean,
Et que de vostre estoc ne sort au bout de l'an
Vn enfant ressemblant de vertus à son pere,
Et de venuste grace à sa venuste mere.
,, C'est la raison pourquoy iadis fut composé
,, Le lien coniugal, du cerueau bien posé
,, De celuy qui de rien, sinon de sa parole
,, Bastit l'air, l'eau, la terre, & l'vn & l'autre pole.

VALERIAN.

,, Le long tarder ennuit à qui attend long temps.

C iij

Salut & benediction d'vn bon mariage.

PATRICE.

» *Mais il apporte aussi beaucoup de passe-temps,*
» *Quand l'espoir incertain certainement arriue,*
» *Par faueur du destin, d'où vrayment tout deriue.*

EMILIE.

Mon fils Valerian, l'appuy de mes vieux ans,
Ie pense que bien tost tous deux serez contens,
» *Tout vient assez à temps à qui peuuent attendre.*

PATRICE.

M'amie, mon soulas, vueillez doncques entendre
De parer richement vn beau lict nuptial:
Afin que nos Amans d'vn esprit iouial,
Cueillent le plaisant fruit du combat de Cithere,
(A quoy le Dieu nopcier, dont elle fut la mere,
Et le Semelien de Pampres couronné)
Les appelle luy mesme, en ce champ ordonné.

EMILIE.

Soigneusement desia comme estant de ma charge
Ie m'en suis aduise'.

PATRICE.

Hé! pensés vous qu'il targe
A ce gentil espoux, qu'il n'esteint ce brandon,
Que luy attise au cœur l'archerot Cupidon ?
Son visage vermeil, & ses yeux darde-flame
Sont les tesmoins muets de l'ardeur de son ame,
Qui parlant sans parler predisent toutefois,
Qu'il brusle apres son cœur, dedans son cœur pantois.

Le front &
le visage
sont quel-
quefois
tesmoins
de l'inte-
rieur.

VALERIAN.

Mais, comme vous iugés par cet externe signe,
Ce qui est recelé au fond de ma poitrine.

PATRICE.

C'eſt ce front, ſon ces yeux, & ces ioües encor,
Qui en ſont le miroir reluiſant comme l'or.

EMILIE

Allons, donc monſeigneur, allons, ie vous ſupplie,
Allons, d'vn pas iſnel, & de grace iolie
Commander d'vn pouuoir pleinement abſolu,
Ce que pour cette fin a eſté reſolu:
Sçauoir eſt de parer tout à l'Italienne
Leur nuptiale couche, ainſi que fut la mienne:
Qu'on tapiſſe la chambre, haut & bas, & par tout,
Qu'on la ionche de nard de l'vn à l'autre bout:
Mais que premierement elle fut arroſée
D'eau de douces ſenteurs, comme ſi la roſée
L'eut meſme rafraichie: ainſi qu'en que que temps
Pour humecter la terre, elle choit par les champs:

PATRICE.

Allons, ie le veux bien: c'eſt le ſoin plus auide
Que i'aye maintenant: comme vn pere prouide
De voir quelque fleuron des branches de ſon tronc
Pouſſer, & faire fruit ſoubs cet eſpace rond,
Au moyen principal d'vne belle alliance,
Dont il ioint ſes enfans en leur adoleſcence.

EMILIE.

Allons, & ce pendant d'vn honneſte entretien
Ils ſe gouuerneront.

PATRICE.

Allons, ie le veux bien.

VALERIAN.

Allés touſiours deuant, nous irons à la trace
Si toſt que nous aurons vn petit face à face
Priuément diſcouru de nos belles amours

Patrice &
Emilie ſor-
tent.

Qui tell es qu'à prefent dureront à tousiours.
· Or ça donc mon amante, or ça que ie te baife,
Auec l'efpoir prochain de l'heur, du bien, de l'aife,
Que nous touchons au doigt pour eftre iouiffans
Au duel amoureux d'amoureux languiffans.

SAINCTE CECILE.

D'amoureux languiffans! ne pincés cette corde,
Elle eft autant & plus d'auecques moy difcorde
Qu'vne quarte en Mufique, au fimple contre-point,
Qui contre vn autre accord diffonne de tout point,
Vous languiffez d'amour! i'en vy c'eft au contraire:
Ruminés vn petit comment il fe peut faire.

Maxime Muficale.

VALERIAN.

Mais, mon cœur, n'es-tu pas or efprife de moy
Du Ciprien amour, comme ie fuis de toy?

SAINCTE CECILE

Non, ie ne le fuis pas, non ie le vous confeffe.

VALERIAN.

Comment tu ne l'es-pas? hé! pourquoy ma deeffe?

SAINCTE CECILE.

I'ay confacré mon cœur à vn autre qu'à vous.

VALERIAN.

A vn autre qu'à moy?

SAINCTE CECILE.

A vn autre qu'à vous.

VALERIAN.

Que fert donc ce lien du facré mariage,
Dont nous fommes vnis en l'Apuril de noftre âge,
Si ce n'eft pour goufter du fruit deliçieux
De l'amour?

SAINCTE CECILE.

Que

SAINCTE CECILE.

Quel amour?   VALERIAN.

De l'amour gratieux,
Qu'en ce douillét assaut de la guerre ciprine
Chasque Athlette amoureux cueille, gaigne, & buti-
              SAINCTE CECILE.   (ne.

Ie ne sçay pas que c'est.   VALERIAN.

Dans ce lit nuptial,
Que l'on va preparant, pour de cœur genial
Nous faire consommer nostre hymen agreable.
Vous y ferés bien tost guerriere redoutable:
Marchant à front leué soubs le pourpré guidon
Du Dieu targé du feu appellé Cupidon.

              SAINCTE CECILE.

Monsieur excusez moy, iamais tant que ie viue
De l'impudicité amoureuse lasciue
Auec homme viuant ie ne me soüilleray:
Mais s'il plaist à mon Dieu, ferme ie garderay
Cette vierge candeur, que ie luy ay voüée,
Comme a mon cher amant, par qui ie suis doüée
D'vn monde de bien-faits, sans merite de moy,
Ny sans luy auoir onc designé le pourquoy;
Ie l'ayme à ce sujet du profond de mon ame,
En luy, par luy ie vy de charitable flame.

              VALERIAN.

Que veut dire cecy? He! quel charme te tient?
A qui est-ce dis moy, que ton corps appartient,
Pour esteindre l'ardeur de la flame ciprine,
Qui d'vn pauure amoureux embrase la poitrine,
A qui appartient-il qu'à ton Valerien
A qui tu es espouse, ainsi comme il est tien?

Protesta-
tion de pu-
dicité.

                                        D

Quoy donc, me faudra-t'il pour iouïr de ma femme
Seruir d'enchantemens d'vne sorciere infame?
Permettras-tu cela? mais le permettras-tu,
Que i'employe Circé, qui cognoist la vertu
Des plantes, & des fruicts, des mineraux, des pierres,
Et des astres errants lès errantes carieres
Que son pere Phebus luy auoit enseigné,
Pour vser en tel sort quelle auroit designé?
Respons, ne veux-tu pas librement condescendre
Au nom de nostre hymen, de ce pas d'aller prendre
Nos Cipriens esbats, en ce beau lit paré
Qui nous attend?

SAINCTE CECILE.

Nenny: car i'ay deliberé
De n'asseruir mon corps à volupté du monde:
Pour ne plonger mon ame au vice tant immonde.
Dieu sera mes esbats, ma ioye, mon plaisir,
Non, l'homme qui ne vit que d'vn charnel desir.

VALERIAN.

Dieu, dis-tu pas?

SAINCTE CECILE.

Ouy Dieu.

VALERIAN.

Qui le docte Mercure
L'olympien Iupin, Bachus libre de cure,
Mauors le furieux, Saturne porte-faux,
Apollon fatidic, Neptun pere des eaux,
L'indontable Herculés, ou le lirique Orphée
Meritant comme toy vne candide fée

SAINCTE CECILE.

Le vol de mon amour ne s'abaisse si bas.

VALERIAN.

Comment? ce sont des Dieux.

SAINCTE CECILE.

Ie n'en reconnois pas
Soubs ce lambry d'asur, qui l'vniuers decore,
Ny mesme dans les cieux, que celuy que i'adore:
Dieu des Dieux, Rois des Rois, Createur, & Sauueur,
De vous, de moy, de tous soit bassesse, ou grandeur.
Il est tellement grand, fort, puissant, redoutable.
Qu'au nommer de son nom, l'enfer mesme effroyable,
Aussi bien que le ciel l'ouure des bien-heureux
Tremblent à bon escient, & fremissent peureux.
Ces Dieux fantasies, dont tu parlois nagueres,
Ne sont aupres de luy, que des veines chimeres.
,, Celuy lourdement faut qui bastit son espoir,
,, Sur qui, n'a pas luy-mesme vn festu de pouuoir.

Protestatiō de la puissance de Dieu.

VALERIAN.

Si ie veux attentif, te prester mon oreille,
Te voila sur le point de me conter merueille.
Allons c'est trop tardé: ie iure par les Dieux,
Qui commandent delà le fleuue stygieux,
Si tu me condescens à ce dont ie te prie,
Que tu verras bien tost vne estrange tuerie.

SAINCTE CECILE.

Le iauelot mortel de la fiere Atropos
Est vn doux instrument pour me mettre en repos.

VALERIAN.

Ne t'esbransles-tu pas de ma chaude menace?

SAINCTE CECILE.   (casse.

,, Non plus qu'vn roc pierreux d'vn foudre tout-fra-

VALERIAN.

D ij

Qui t'en garentira?

SAINCTE CECILE.

Mon Ange gardien.

VALERIAN.

Quoy? que dis tu?   SAINCTE CECILE.

Mon Ange, entendez vous pas bien?
Plus fort luy seul tout seul à ma sauue conduite,
Que n'est de ton mauors le plus grand exercite.
Il est le protecteur de ma pudicité:
Partant ne vous enflez d'vne temerité
De vouloir me rauir cet imprisable gage:
Peut estre feriez-vous, comme Icare, naufrage.
Prenez ce mien conseil au nom de Dieu viuant,
Vous ne le treuuerez nullement deceuant.

VALERIAN.

Oy! oy! qu'ay-ie dans moy, qui trouble ma ceruelle?
Où suis-ie? ie ne sçay: Cecile, ma rebelle,
De grace, pense a moy: où estes vous mes sens?
Quoy? vous m'abandonnez?   SAINCTE CECILE.

C'est que desia tu sens
Quelque secret instint de la diuine essence,
Qui semble t'esgarer de ton intelligence:
Courage, c'est bon signe. O pere des Chrestiens,

Priere de
saincte Ce-
cile.

Qui mourus sans mourir pour racheter les tiens,
Si tu lanças iamais l'œil benin de ta grace
Dessus le vif pourtrait de ta deique face:
Darde la vn petit sur mon Valerien,
Qu'il viue comme moy en fidele Chrestien,
Abiurant ses faux Dieux, & te voüant sa vie,
Qu'a ta grand deité elle soit asseruie.

VALERIAN.

Vrayment il m'est aduis que ie reuien à moy:
M'as tu pas tantost dict, que tousiours quant & toy,
Marchoit a ton costé, vn Ange pour ta garde?
Et qu'est-ce? dis moy donc: sans mentir il me tarde
Que i'aye, comme toy, ce bon-heur de le voir.
Ie iure par le ciel, que si par ton pouuoir
Il m'est representé quelquefois à la veuë,
Ie croiray en ton Dieu, dès la prime auenuë:
Que ie scache que c'est?   SAINCTE CECILE.
,, C'est vn celeste esprit:
,, Immortel, espuré mignon de Iesus-Christ.

VALERIAN.

Mais, ne le puis-ie voir? i'en ay desir extreme.

SAINCTE CECILE.

,, Si vous estes laué de l'onde du baptesme
,, (Qui purge la laideur du vice originel,
,, Dont nous sommes tachés du costé paternel)
,, Vous le verrez souuent, vous faisant seure escorte,
,, Non seulement d'aduis: mais aussi de main forte.
,, Autrement non, iamais, mais vous serés tousiours
,, Aueugle, prest de choir aux tenebreux seiours.

VALERIAN.

Ie le veux estre ouy: que faut-il que ie face?
Ie le feray sans doute, & ny aura disgrace
Du sort malencontreux, qui m'en puisse empescher.

SAINCTE CECILE.

Mon espoux fauory, c'est qu'il vous faut tascher
De treuuer finement, sans plus longue remise,
Le grand Pontife Vrbain, pere & chef de l'Eglise:
Il vous enseignera, que c'est de ce grand Dieu
De sa foy, de ses loix, & mesme au mesme lieu

Il vous baptisera.

VALERIAN.

Mais où le trouueray-ie?

SAINCTE CECILE.

Ie ne sçay bonnement.

VALERIAN.

Comment donc le sçauray-ie?

SAINCTE CECILE.

Ah! il m'en resouuient : enfilés ce chemin,
Quand vous serés au bout, prenés à droiɫte main,
Vous vous en irés rendre en la voye appienne:
Là en quelque sepulchre, ou grotte terrienne
Le trouuerés caché, pour le mal-heureux temps
De persecution, contre les bonnes gens.

VALERIAN.

Adieu donc ma Cecile, adieu ie meure d'enuie,
Que mon affection ne demeure assouuie:
Ie seray de retour plustost que ie pourray,
Et tousiours ce pendant le vostre ie seray.

Valerian
sort.

SAINCTE CECILE.

Adieu mon cher soucy: Dieu vueille qu'en franchise,
Vous conduisiés à chef vostre saincte entreprise,
Ie vay conter chez nous ce soudain changement,
Qu'on trouuera ie pense, estrange estrangement.

Saincte Ce-
cile sort.

LE CHOEVR.

L'*Amour ioint à l'honneur*
   Au sacré mariage
Comme il est comblé d'heur
Ne peut faire naufrage.

Io, o hymené
Hymen, hymen, hymenée:
Io, io, io,
Hymen, hymen, hymenée.

   Le bien, laisc, le los,
Y croist, gist & fleuronne:
Dont le Dieu de repos
Les vrays amans guerdonne.
Io, o hymené, &c.

   Doncques que ce coupl'-vn
S'ayme d'vne ame belle,
Pour iouir en commun
D'vne fortune telle.
Io, o hymené, &c.

ODE EPITALAMIQVE.

HEureux amans qu'vn bel hymen enserre
  D'vn saint amour au lien coniugal:
Lien de vray, qui promet sur la terre,
De demeurer à tout iamais feal.

   Bien que d'amour la passion volage,
N'ayme rien tant que de changer d'amant:
L'on ne verra toutefois en nostre âge,
Que ces deux-vn violent leur serment.

   Ils s'ayment trop, ils ont l'ame trop pure,
Ce que l'vn veut, l'autre le veut ainsi:
Entre-eux tout va par nombre, par mesure,
Comme les Cieux, & la Musique aussi.

   Face le temps, & la ialouse ennie,
Ce qu'il pourront, ains de les delier,
Ils iouïront d'vne eternelle vie,
Dieu les voulant auec soy marier.

ACTE TROISIESME.

SAINCTE CECILE A GENOVX EN VN
oratoire accompagnée de l'Ange.

Deuote
medita-
tiõ de la
grãdeur
&, des
œuures
de Dieu.

QVE tu es admirable, ô essence diuine,
Pure, simple, sans fin, cõme sans origine!
Que tu es admirable, ouy vrayment que
tu l'es:
Car outre ce qu'en toy, tu es ce que tu es,
Immortelle substance, impasible, immuable,
Saincte, spirituelle, & iuste, & veritable:
Tu es grand, tu es bon, puissant, sage, & parfait,
Comme tu l'as voulu le monstrer par effet,
Bastissant l'vniuers presque incomprehensible,
Qui n'est au pris de toy qu'vn point indiuisible:
De toy, dont le pouuoir de rien a composé
Ce tout en peu de temps, tant tout luy est aisé.
Le gouuernant aussi d'vne infaillible adresse,
Au droiturier model de ta haute sagesse,
En qui, de qui, par qui tout est, tout vient, tout vit:
Estant tous, en ce tout qu'à soy elle asseruit.
Dont la perfection estoit autant parfaite,
Par auant que iamais toute chose fut faite,
Puis quand tout fut posé en son ordre, en son lieu,
Ton immense bonté planta l'homme au milieu,
Pour contempler a l'œil vn si bel artifice,
Luy ayant departy d'vn liberal office,
Vn corps droit esleué, vn esprit penetrant,
Ains de mieux auiser ton ouurage tres-grand:

Et

„ *Et selon ce qu'il est, comme il est admirable*

„ *Loüer incessamment l'autheur recommandable.*

„ *Si que parce moyen il se guindast aux cieux,*

„ *Pour ioüir, immortel, de l'heur delicieux,*

„ *A quoy l'auoit formé ta prouidence sage,*

„ *Pour guide luy baillant entierement l'vsage*

„ *De son arbitre franc, qu'on ne pouuoit presser*

„ *Ny de prendre le bien, ny au mal s'addresser:*

„ *Remettant à luy seul ce seul chois volontaire*

„ *De faire ce qu'en soy treuueroit bon de faire.*

„ *Apres qu'auparauant tu luy auois prescrit*

„ *Quelque commandement escrit, & non escrit:*

Lequel si toutefois d'vne maligne audace

Il alloit negligeant, pour courir à la trace

De son fol appetit, pluştot que du grand Dieu:

Las! ie predy son mal, & m'asseure qu'au lieu

De brosser le sentier de la celeste gloire,

Qu'il postille à grand pas en la region noire:

Si ce n'est, ô Sauueur, que tu vueilles sauuer

„ *Cil qui ne peut sans toy, pres de toy arriuer:*

„ *Mais qui peut bien sans toy se rendre miserable,*

„ *Et des tourmens d'enfer, par son vice, coupable.*

Mais nõ, tu ne veux point perdre vn si cher enfant,

Pour qui mourant, tu fus de la mort triomphant.

„ *S'il te tourne le dos tu luy monstres la face:*

„ *S'il te fuit, & poursuit, tu le cherche, & l'embrasse.*

O prodigue bonté! ô amour paternel!

O benigne faueur! ô tresor eternel!

Quel plus auguste bien, quel heur plus souhaitable

A l'esclaue estranger, au suiet seruiable,

Extreme
bonté de
Dieu en-
uers les
hommes
pecheurs

E

A l'enfant orgueilleux, à l'importun client,
Lors qu'en se reuoltant, mesme de son escient,
A son maistre, à son Roy, à son Iuge, à son Pere,
Il n'entre contre luy toutefois en colere:
Mais offencé qu'il est le reçoit à mercy,
Et le faict d'ennemy son aymable soucy?
C'est toy Valerian à qui cecy s'addresse,
Qui t'estois reuolté contre cil qui rabaisse,
De son pouuoir puissant le plus grand, le plus fort,
Dessoubs le frein duquel est la vie & la mort.
Neantmoins auourd'huy tu vois comme il t'appelle
En son troupeau Chrestien, de payen infidele.
Sus donc courage, sus, recognois ce bien-fait
De Dieu, ton pere, Roy, Iuge, maistre parfaict:
Tant qu'on verra les cieux dru parsemé d'estoilles,
Et dessus l'Ocean des grands naus porte-voiles.

L'ANGE.

Sicelide Cecile, espouse, fille, sœur,
Sœur des Anges vrayment, pour ta chaste candeur:
Fille du Dieu des Dieux cherement adoptée,
Pour t'estre en luy, en toy, pacifique portée:
Dequoy pour la valeur de ta noble vertu,
Le celeste dauphin à l'humaine vestu,
Voyant de bien en mieux s'acroistre ton merite
A voulu que tu sois sa chere espouse eslite.
Tandis en attendant qu'en son louure Empiré,
Heureuse aupres de luy d'vn repos desiré,
Tu iouïsse sans fin en la vie eternelle,
Apres la pasle mort de ta vie mortelle:
I'ay receu de sa part vn mandement expres
De te guider par tout, & de loin & de pres,

Pour luy garder entier le plus precieux gage
De ton corps impolu, de peur qu'il ne s'engage
(Par les mielleux propos des mondains affetez)
Au labirinthe ouuert des sales voluptez,
A quoy si vne fois tu te glissois, lasciue,
Tu tarirois bien tost la clere source viue
De l'eau viue, que Dieu fait reiaillir en toy:
D'autant outre tes vœus, que tu gardes sa loy.
„ Il est bon, ie le sçay, patient debonnaire:
„ Mais il est iuste aussi, & cruel, & seuere
„ A quiconque voudroit s'empierrer obstiné
„ Au mal, où par nature il est determiné
„ Ne voulant point flechir pour aucune tempeste,
„ Ou rude affliction qu'il gresle sur sa teste:
„ Ny par le vent mollet du zephir donne-fleurs
„ Des gratieux instincts de ses sainctes faueurs.
„ Recherchant toutefois de paternelle cure,
„ Le celeste salut de l'humaine structure:
„ Espiant à propos le temps, & le moment
„ De regaigner perdus, ceux (par consentement)
„ Qui se font, malheureux, asseruis soubs le diable,
„ Au seul plaisir fuyart de leur vice damnable.

SAINCTE CECILE.

O bel Ange celeste, ô esprit simple-pur,
Qui sçais tout, & ne sçais, que c'est de vice impur!
O mignon du tres-haut, ô gardien fidele
De moy, qui suis adieu, comme à toy, humble ancelle!
„ Ie cognois sa bonté esgale à son pouuoir,
„ Et tous les deux ne sont qu'vn auide vouloir
„ De bien-heurer au ciel, ceux-là qui le meritent,
„ Comme de pardonner à ceux qui le depitent.

Preuues certaines de la iustice, & misericorde de Dieu.

E ij

,, *Les r'appellant à soy par des secrets moyens*
,, *A luy seul entendus, comme estant vrayment siens,*
,, *Cognoissât tout luy seul sans qu'on le peut cognoistre,*
,, *Sinon par des effets, qu'il nous fait apparoistre,*
,, *Tantost sur les mechans, & tantost sur les bons:*
,, *Ceux-cy en les comblant de mille, & mille dons,*
,, *Et les autres plongés à tout genre de vice,*
,, *Il les va recherchant pour leur estre propice.*

Bel exemple comme Dieu recherche les humains pour les sauuer.

Se portant en cecy ainsi qu'vn amoureux
(Pour se concilier le cœur trop rigoureux,
Que monstre à son endroit sa venuste maistresse)
Qui va, qui vient, qui court, en espiant l'adresse
De la voir, luy parler, la baiser, en ioüir,
Comme son bien, son Dieu, son amour, son plaisir.
Il vient tout bellement pour heurter a la porte,
Chargé de beaux presens qu'auecques soy il porte:
Il l'appelle, il la prie, il regarde au treillis
S'il entre-uerra point qu'elle luy ouure l'huys.
Bref là sans se laisser de tout telle fatigue,
Il n'en partira point qu'il ne gaigne sa brigue.
,, *De mesme mon espoux homme-Dieu souuerain,*
,, *Comme Dieu Createur du mortel genre humain,*
,, *Comme homme son Saueur estant fait à sa sorte:*
,, *Voyla pour le sauuer ainsi qu'il se comporte.*

L'ANGE.

Quel cerueau plus diuin? quel iugement plus meur?
Mais entre les humains de feminine humeur,
Qui cognoist mieux de Dieu la nature bonace,
Qu'vne vnique Cecile enfant de noble race?

SAINCTE CECILE.

I'ay resenti dans moy des fauorables traits

De sa douce clemence, & celestes bien-faits.
Mesme Valerian en espreuue luy mesme
Qui s'est allé purger au fleuue du baptesme,
(Qui nestoye le corps, viuifie l'esprit,
Et d'enfans de Sathan nous fait enfans de Christ)
Aislé d'vn sainct desir de te voir, ô sainct Ange!
Ce qu'il ne pouuoit onc en sa payenne fange:
Dequoy les genoux bas, les yeux leués en haut,
Les mains iointes aussi, ie confesse qu'il faut,
O Monarque puissant de la machine ronde,
(D'vne voix doux-sonante, & d'vne ame profonde)
Que ie t'en remercie & de nuits, & de iours,
Comme à present ie fay, & feray à tousiours.
Car ie m'asseure bien qu'au lieu d'ardre en la flame
Du feu Citerien, dont il brusloit, infame,
Lors que pour luy complaire, haletant me pressoit,
Selon les lois d'Hymen, de luy rendre le droit,
Il sera celuy-la, qui gardera pudique,
Nostre lit nuptial de saleté lubrique.
Et c'est dequoy encor, source de pieté,
Ie redouble mes vœus à ta grand Maiesté,
Que son bon plaisir soit, que iamais en ce monde
Mon ame, ny mon corps ne soit de vice immonde.
,, Le Ciel ne reçoit point d'ordure, ie le sçay,
,, Par ton dire peut-tout trop plus vray, que le vray.

VALERIAN retournant du baptesme.

Ah! vrayment il appert, ie le croy, ie l'espreuue,
,, Que qui cherche le bien, qu'à souhait il le treuue:
,, Ie veux que ce ne soit sans trauailler beaucoup:
,, Mais en fin, ce trauail s'oublie tout à coup.
,, Le soldat genereux affamé de la gloire,

Saincte Cecile remercie Dieu de ce qu'il a conuerty Valeriã son espoux à la foy Chrestienne.

Valerian entre.

E iij

(Que l'on emporte apres vne braue victoire,
Ainsi qu'au mesme temps le desiré butin)
Va-t'il pas resolu du soir, & du matin
Hardiment estaller, (comme il luy prend enuie)
A la mercy des coups, & son corps, & sa vie?
Et bien qu'en butinant, auec mille hasars,
Il soit en maint endroit nauré de parts en parts,
Celuy est toutefois vne pompeuse ioye,
En retournant chez soy, adossé de la proye.
Ainsi Valerian, ainsi emportes-tu
La palme sur Sathan battu, & abattu,
Par le vaillant effort de ton noble courage,
Te retirant captif du payen esclauage;
Pour te faire adopter enfant du Roy des cieux,

Le baptes-
me tient sa
vertu & ef-
ficace par
le sang de
Iesus Christ

,, Qui pour l'homme versa tout son sang precieux:
,, Dequoy le fleuue cler du sacre-sainct baptesme
,, Emprunte sa vertu d'efficace supreme.
Baptesme sacre-saint, d'où ie vien me lauer:
Mais auec prou de mal, que i'ay eu de treuuer.
Le grand Pontife Vrbain, dont la saincte doctrine
M'a plany le chemin du ciel mon origine.
Ie m'en retourne gay d'vn pas souplement prompt
Reuoir en cet estat le beau lustre du front
De Cecile mon cœur, ma pudique maistresse.
Mais ne la voila pas? ouy ce l'est: mais qui est-ce
Ce bel enfant aislé reuestu de fin lin?
C'est son ange ie croy, Ouy, & a celle fin
Que plus appertement i'en aye cognoissance,
(Ne le iugeant sinon que par quelque apparence
Qui peut tromper mes yeux) ie m'en vay l'aborder,
Et selon mon desir hardy luy demander.

Madame excusés moy, si i'ose temeraire
Par importunité de tant soit peu distraire
Vostre esprit attentif en meditation:
Ie ne suis que porté de saincte affection
De sçauoir (s'il vous plaist) si deuant mon absence
Vous iouïssiés ainsi de l'heureuse presence
D'vn si parfait enfant, si vous le cognoissiés
Deuant, & quel il est, que vous me l'aprinssiés.

SAINCTE CECILE.

Ah! mon Valerian, pardonnés moy, vous mesme
Si c'est vous: ouy c'est vous, ouy vraymēt c'est vous mes-
Dieu, que vous estes beau! que vous estes luisant! (me.

VALERIAN.

Aussi ne suis-ie plus dans l'ordure gisant.

SAINCTE CECILE.

Il appert, c'est pourquoy vous voyés bien mon ange.

VALERIAN.

C'est donc luy?

SAINCTE CECILE.

Ouy ce l'est: c'est celuy qui me range,
Me garde, me conduit, & m'assiste tousiours,
Soit és obscures nuits, soit és liquides iours.

VALERIAN.

,, O diuin gardien! ô conduite asseurée,
,, Quand elle est aux humains d'vne longue durée!

SAINCTE CECILE.

,, Elle leur dure tant qu'il ne logent chez eux,
,, En façon que ce soit, le vice malheureux.
,, Asseurés vous sur moy, que vous aués le vostre,
,, Qui a le soin de vous, comme a de nous le nostre:
,, Et tant que sainctement vous honorerés Dieu,

Saincte Cecile se leue de son oratoire.

Quicõque est en la grace de Dieu est tousiours assisté de l'Ange.

„ (*Ardant en son amour*) vous l'aurés en tout lieu,
„ *Pour guide, defenseur, amy, parent, & frere,*
„ *Comme estant auec luy enfant de mesme pere.*

VALERIAN.

Veux-tu que ie te dy ce dont il me souuient?
Et tu verras comment ie l'ayme à bon escient.

SAINCTE CECILE.

Courage, ie vous prie.

VALERIAN.

As-tu point ouy dire

Allegorie des effets de l'amour & grande charité enuers Dieu.

Qu'en Dodone, cité du Royaume d'Epire,
Autrefois on a veu vn ruisselet courant
De naturel effet merueilleusement grand?
Si l'on plongeoit dedans quelques torches esteintes,
De flames aussi tost elles estoient empreintes:
Il esteindoit aussi, comme les autres font,
Les flambeaux allumés s'on les plongeoit au fond.
De mesme en verité, ceux qui brulent en l'ame
Du feu consume-tout de l'impudique flame,
S'il veulent s'approcher, ou toucher tant soit peu
„ *L'eau de cet Occean: Occean glace-feu*
„ *Qui n'a ny bout, ny fin, mesme ny fond ny riue,*
„ *Source sans source, & dont toute source deriue,*
„ *Ce grand Dieu en vn mot, qui n'a point de second,*
„ *Qui comende obey, par tout ce vuide rond:*
„ *Le froid de sa candeur, l'humide de sa grace*
„ *Esteindroit à l'instant leur flamboyante audace.*
„ *Au contraire s'ils sont de glace refroidis,*
„ *Et de feneantise en eux abbatardis,*
„ *Qu'ils ne peuuent pour rien, en rien qui soit mouuoir*
„ *Ny le corps, ny l'esprit dessaisy de pouuoir*

Ils

,, *Ils les embrasera d'estincelle si viue,*
,, *D'vn feu, dont la vertu est tellement actiue,*
,, *Qu'en estans eschaufés, ils sont autant actifs*
,, *Aux biens, comme ils estoient aux vices attentifs:*
,, *Et pour se ioindre à luy sans iamais se disioindre*
,, *Ils quittent leurs parens, du plus grand, iusqu'au*
,, *Repudient encor leur propre volonté,	(moindre:*
,, *Et se voüent à Dieu d'ardante charité.*
Ainsi auparauant le lauoir du baptesme,
I'estois froid, i'estois chaud, tous les deux à l'extréme:
Chaud en ne recherchant que mes plaisirs mondains,
Et froid à seruir Dieu, qui sauue les humains.
Mais depuis que touché de sa feruente grace,
I'ay touché vn petit ceste liquide glace,
Ie brule en son amour, & gele au feu d'amour.
Donc tu peux t'asseurer que la torche du iour
Esclaircira plustot le brun de la nuit sombre,
Et la nuit fera iour au iour auec son ombre:
Qu'oncques ie face bresche à ta pudicité
Compagne de si pres de la diuinité.

SAINCTE CECILE.

O Dieu quel coup du ciel! me voila mout contente:
Voyla en ces deux mots le point de mon attente.
Car libre par ainsi i'accompliray mes vœux,
Forte me roidissant contre Sathan affreux,
Ce monde grand pipeur, & la chair amorçante:
Pour viure en fin au ciel auec Dieu, triomphante.

VALERIAN.

Ie vous imiteray (comme vn bon apprentif
Son habile artisant) sans vous estre retif
Au moindre mandement, que vous me vouliez faire:

F

Ne deſirant rien tant que mon bien ſalutaire.
Mais, mais Valerian, maintenant que tu as
Ce tiltre de Chreſtien (tiltre d'heureux ſoulas:
Dont ſelon ton deſir, tu vois l'Ange celeſte
Inuiſible de ſoy: mais qui ſe manifeſte
A toy, pour ce ſujet) Quoy? ce feu ſi agent,
Ce grand amour en toy chome t'il à preſent?

Comme la charité fait auoir ſoin du ſalut de ſon prochain.

Laira-tu ton cadet, Tiburce, ton cher frere
Croupir ſi longuement en ſon orde miſere?
„ Non: car comme le bien eſt communicatif,
Pour luy en faire part, il te conuient, hatif,
De ce lieu, de ce pas: voire toute à ceſte heure,
A grand pas te porter au lieu de ſa demeure:
Qu'il vienne viſiter le phenix des vertus,
(Par qui les fiers demons honteux ſont combattus)
Mon eſpouſe ſa ſœur: afin qu'à ſes paroles
Soubs l'eſtendart Chreſtien comme moy tu t'enrolles:
A l'ombrage duquel reſolu cheminant,
(Outre le los vainqueur que l'on va remportant
Sur tous les ennemis viſibles, qu'inuiſibles)
L'on butine des cieux les threſors indicibles.
Adieu donc, ſans adieu, ie reuien auſſi toſt,
Si mon frere germain ne ſ'auance pluſtot.

L'ANGE.

Les Anges ſe reſiouïſſent de la conuerſion du pecheur

Qu'il eſt bien conuerty! ô qu'il a l'ame belle!
O qu'il brule à mon gré de charitable zele!
Penſes-tu point, Cecile, he! ne penſes-tu point,
Comme les anges ſont maintenant ſur le point
De demener au ciel vne eternelle ioye,
Derobant à Sathan vne ſi riche proye?
„ Le pecheur penitant redouble le bon-heur

Des saincts, comme il augmête au diable son malheur.

Dieu s'est fait homme pour sauuer l'hô-me.

SAINCTE CECILE.

Ie sçay, & pense bien à ce que vous me dites,
Raportant tout cela aux precieux merites
De celuy, qui de Dieu, s'est faict homme parfait,
Et pour l'homme mortel, à son image fait.
Il s'est rendu mortel, se liurant volontaire
Aux tourmens violens d'vne mort exemplaire,
Pour sauuer de la mort cet homme vicieux,
Le faisant comme luy coheritier des cieux:
Mais à condition de s'en rendre capable,
Repudiant & soy, & son vice damnable,
Pour se coler entier, & de corps, & d'esprit,
A Dieu son Createur, & Sauueur Iesus Christ.
Comme Valerian quittant son paganisme
Embrasse maintenant nostre cristianisme.
En quoy, s'il est resoult, soubs l'auspice diuin
De militer constant parmy ce monde vain,
Sans craindre ny le fer, le feu, ny les alarmes
Des tirans ayme-sang, ny de leurs fiers gendarmes:
Son front sera timbré de lauriers verdoyans,
Et de palme de gloire à la fin de ses ans,
,, C'est le iuste loyer d'vn horrible martire
,, Des martyrs couronnés dans le celeste Empire.

Tiburce vient sur le teatre.

L'ANGE.

Cecile, voicy jà le frere à vostre espoux:
Tandis d'vn front courtois, & d'vn langage doux,
Que vous l'entre-tiendrés des diuines merueilles,
Prés de vous, atténtif, i'ouuriray mes oreilles.

TIBVRCE retiré vn peu à part,

Tant plus profondément qu'vn desir range-cœur

F ij

Rampe bourreau cruel, dedans l'interieur,
Volagement naiffant de la concupifcible,
Sans aduifer s'il eft inutil, ou duifible:
D'autant plus ardemment halettent-on apres,
Et ores bien fouuent qu'on y touche de prés,
Il femble toutefois fe reculer arriere,
Comme vne ville à ceux qui vont fur la riuiere:
Ou le temps paffe-vite à leur dire eft trop lent,
Comme vne heure eft vn iour au prifonnier dolent.
Ainfi m'eft-il aduis, qu'oncques ie ne puis eftre
Affouuy du defir, qui or me vien de naiftre,
Depuis cet heur, que i'eu de voir mon frere aifné,
Que ie croy que Mercure a chez moy amené,
Afin qui me fit part de fa bonne fortune,
Qui doit eftre entre amis frequentement commune.
Ie iure par les Dieux (fi quelques Dieux ie croy)
Que ie fuis de fon bien aife autant, que pour moy.
Mais qu'il eft embelly! qu'il eft deuenu fage,
Depuis le premier iour de fon doux mariage!
Cete enuie de voir l'hoteffe de fon cœur
Ma derobé de luy, & guidé d'vn bon-heur
En ce lieu, où ie croy, que la voila feulete,
Attendant le retour de fon heureux athlete.
Madame oferoit-on vous fupplier d'vn mot,
En faueur de venus, ou de fon archerot?

SAINCTE CECILE.

Ie ne les cognois point: mais (de courtoife grace)
Ie vous en diray deux librement face à face.

TIBVRCE.

Ie n'ay pas merité tant de faueurs de vous.
Me dirés vous quel eft voftre fidel' efpoux?

Est-ce pas volontiers ce braue gentil-homme
Nommé Valerian?

SAINCTE CECILE.

Ouy, ce l'est en somme.

TIBVRCE.

La deesse nopciere a bien fauorisé
Ce beau couple d'amans, soubs vn feu attisé,
Par le Dieu Cupidon, entr'eux d'egale flame,
Qui a d'vn bel hymen de deux basty vne ame:
Ie m'en resent heureux, pour ce mesme respect,
Ayant l'heur, & l'honneur de vous estre sujet,
Pour vous appartenir maintenant d'alliance.

SAINCTE CECILE.

Monsieur, pardonnés moy, si à vostre presence
I'ose vous protester, que ie ne vous tien pas
Pour parent allié, si ce n'est en ce cas,
Que vous quittez l'erreur de la secte payenne,
Et que vous embrassiez la saincte loy Chrestienne.

TIBVRCE.

Quelle loy? dite moy.

SAINCTE CECILE.

La loy de Iesus-Christ.

TIBVRCE.

De Christ, dites vous pas? ce fut celuy qu'on prit
Prés de Hierusalem au iardin des oliues:
Dont on fit le procés, & pour les causes viues
De son arrest de mort, c'estoit qu'en chacun lieu
Hardiment se vantoit l'vnique fils de Dieu.

SAINCTE CECILE.

Ne vous en mocquez pas: il l'estoit d'asseurance,
Comme il l'est encor de nature & d'essence:

Croyance vraye de la nature & puissance de Dieu.

F iij

,, *Le pere auec son fils n'estant qu'vn mesme autheur*
,, *De ce vaste vniuers, & le premier moteur.*
,, *Mouuant tout de luy seul, & en soy non muable,*
,, *Tout maniant aussi, & n'est point maniable.*
,, *Cognoissant toute chose, & si n'est point cogneu:*
,, *Tout voyant clerement sans pouuoir estre veu.*
,, *Grand tout-comprenant tout, & incomprehensible,*
,, *Sage Roy, maistrisant de prudence infaillible*
,, *Et le monde, & l'enfer, & mesme tous les cieux,*
,, *Ou ne se treuue rien caché deuant ses yeux.*

TIBVRCE.

Pourquoy donc si grand Roy, si puissant, & si sage
Que vous dites qu'il est, mesme Dieu dauantage,
Permit-il s'attaquer, permit-il estre pris,
Estre mené captif, qui pis est (au mespris
De la diuinité, chose toute immortelle)
Qu'vn bourreau luy ostat sa vie corporelle?

SAINCTE CECILE.

Ah! ce fut pour sa gloire, & pour nostre salut.
Il pouuoit renuerser d'vn pouuoir absolut
Ses mutins ennemis, & leur superbe gloire:
Luy, d'où prouient la force ainsi que la victoire:
Qui r'abaisse l'orgueil des Princes, & des Rois,
Soubs qui tremble l'enfer à l'esclat de sa voix.
Il leue, hausse, baisse, il asseoit, & puis change,
Quand il veut, & luy plaist l'empire en main estrãge,
Du Medois au Persan, du Persan au Gregois,
Du Gregois au Romain, du Romain au François.
Ainsi soubs son pouuoir tout chãge d'heure en heure:
Mais eternel qu'il est tousiours entier demeure.

Faut donc que vous croyés qu'il est mort à deßein,
Pour vous sauuer, & moy, & tout le genre humain.

TIBVRCE.

Voire mais s'il est mort, coment vit-il encores?
Où penses-tu qu'il soit, & quoy? que fait-il ores?

SAINCTE CECILE.

,, Comme en luy est la vie & quant & quant la mort
,, De mort il reprit vie, & sans aucun effort.
,, Il est, & regne au ciel, triomphant, magnifique,
,, Loüé, craint, obey de chaque ordre Angelique.
,, Et comme il ne veut point laißer perdre les siens   Chacun à
,, Il en baille vn à tous qui leurs sont gardiens.   son Ange.
Tenés voila le mien, marchant soubs tel auspice,
Ie ne crain ny la mort, ny tourment ny supplice.

TIBVRCE.

Mais ie ne le voy point.

SAINCTE CECILE.

Vous n'estes pas Chrestien.

TIBVRCE.

Il est donc inuisible?

SAINCTE CECILE.

Inuisible au payen.

TIBVRCE.

Mais ne le puis-ie voir?

SAINCTE CECILE.

Non, que par le baptesme,
Et la seule creance en vn seul Dieu supreme.

TIBVRCE.

Et qu'est-ce du baptesme?

SAINCTE CECILE.

,, Vn cler l'auement d'eau,   Vertu du
baptesme.

,, *Qui purge le peché de l'Adamique peau:*
,, *Dequoy sont tous infects les enfans de sa race,*
,, *Et purgés par ceste eau de la diuine grace.*

TIBVRCE.

Or ie suis amoureux de voir, ainsi que toy
Cet Ange, & d'en auoir tousiours vn pres de moy.
Partant en peu de mots, comende moy de faire
Tout ce qu'il te plaira, ie suis prest le parfaire.

SAINCTE CECILE.

Allés donc sans tarder, vers le Pontif Vrbain.

TIBVRCE.

Où est-il? qui est-il?

SAINCTE CECILE.

Puissance du Pape.

C'est le Ministre humain,
Du Dieu en qui ie croy, qu'il a mis sur la terre
Pour ouurir, & fermer le celeste parterre?
Ie croy qu'il soit musé dedans quelque antre noir
Vers la voye appienne.

TIBVRCE.

Adieu ie m'en vay voir.
Il ne me tarde moins me lauer du baptesme,
Que i'auois de vous voir affection extreme.

SAINCTE CECILE.

Que Dieu soit auec vous, puissiés vous retourner
Aussi content, que gay ie vous voy cheminer.

LE CHOEVR.

O Combien sont estimables,
    Les œuures du Dieu puissant!
Tant plus on y va pensant,
    plus sont-elles admirables.

L'homme

L'homme qu'il forma de fange,
N'est autre que son pourtrait:
Et pour le rendre parfait,
L'anima d'un esprit d'Ange.

Soudain qu'il se vit au monde,
Petit monde, bien orné:
D'orgueil il fut suborné,
Se rendant pecheur immonde.

Dieu qui ne hait que le vice,
De l'homme pernicieux:
Par remede precieux,
Va repurgeant sa malice.

Comme il la reconnoit telle
Qu'il plaist à sa volonté,
Le ciel luy est appresté
Où gist sa gloire immortelle.

ACTE QVATRIESME.

ALMACHIE.

Viendray-ie point à bout de ceste orde vermine
De cagots ayme-Christ, vray engeance d'E-
Ne verray-ie iamais la miserable fin (rynne?
De ces serpens pesteux, trouble-culte diuin?
Ie iure par Pluton, Radamanthe, & Cerbere,
Lachesis, Atropos, Proserpine, & Mégere,
Parauant que trois fois, le postillon du iour
Ait galoppé leger, son ordinaire tour,
Dans le grand estendu de son globe bleüastre,

Discours
politic mais
auec des
rodomon-
tades d'un
magistrat
tiran.

G

Que ie les plongeray au cocite noiraſtre,
Pouſſez des bras nerueux d'vn turbulent bourreau,
Par ſupplices mortels inuentez de nouueau.
Quoy? Amachie, quoy? grand preuoſt de police,
Laira-tu, impuny, croiſtre ce malefice?
Non, non, gardes t'en bien, ne ſois pas indulgent
De chaſtier à temps le mal de telle gent:
   » Vn feſtu allumé rampant dans vne eſtable,
   » Vn flambeau, (par meſgard) laiſſé ſus vne table
   » Font ardre quelquefois vne grande cité,
   » Et mettent en deſordre vn peuple depité.
Ainſi, vrayment ainſi, ces fantaſques nouuelles,
Qu'vn tas de remuants forgent en leurs ceruelles,
Soubs vn maſque plaſtré (à leur deuotion)
D'vn culte reformé, ou meilleure acton,
Se fourants, abuſeurs, parmy vn fol vulgaire,
Pliant à tout moment, (tant il eſt momentaire)
Comme le ionc mollet à l'haleine du vent:
Par ce moyen trompeur corrompent bien ſouuent
Peſle-meſle, confus, les corps des republiques,
Longuement policez par ſtatus autentiques.
Ah! que i'ay bonne enuie, & dans bien peu de temps,
De voir, comme ils ſeront, reſolument conſtans
Vers leur Chriſt attaché, en croix patibulaire,
Comme vn ſeditieux au ſommet de caluaire.
Rien ne peut m'empeſcher, non, rien ne le peut pas,
Si le deſtin fatal n'accourcit mon treſpas,
Que de leur ſang pourpré, ie ne rougiſſe en ſomme,
Et le tibre blanchaſtre, & les careaux de Rome.
Que leurs corps eſcachez, rompus, briſez, meurtris,
Iettés en la voirie (au ſcandaleux meſpris

De leur Dieu imposteur) ne seruent de pasture
Aux bestes, aux oiseaux de sauuage nature.
Ie veux (par tels exploits de mon authorité,)
Eterniser mon nom à la posterité.
Ce cousteau Martial, ceste dextre puissante,
Cousteau puni-mutins, dextre orgueil-abaissante
S'affile, se r'enforce, afin de terrasser
Ceux, qui osent du Roy les loix outrepasser.
,, Vn iuste Magistrat de son Prince l'image,
(Afin que de sa charge il rende tesmoignage)
,, Ainsi comme vn miroir imitant tout obiet
,, Doit en tout accomplir ce qu'il veut estre fait.
Moy doncques establypour regir, à baguette,
La Romaine cité, (Cité où chascun iette
Les yeux, pour l'admirer, à cause des vertus,
Dont on tient les bourgeois richement reuestus,
Et où, ce qui la rend d'autant plus glorieuse,
L'on reuere les Dieux d'offrande plus pieuse)
N'entretiendray-ie pas au frein de mon pouuoir,
Que nul enuers les siens esquiue à son deuoir?
Non seulement, d'autant que c'est la loy frequente:
Mais d'Alexandre aussi la volonté feruente,
Qui ne veut qu'on honore autres Dieux que les siens:
Mais qui veut qu'on chastie aprement les Chrestiens.
Comme il tient en cecy la supreme puissance,
Et moy, tenant de luy, soubs luy, la Lieutenance,
Aussi suis-ie resous à ce point, quant & luy:
Si i'en puis descouurir, il ny aura celuy,
(Soit de seruil estat, soit de noble lignage)
Qui ne sente aux tourmens mon implacable rage,
Sans que, par humble veux, on la puisse appaiser

Il faut qu'vn Magistrat se conforme à son Prince.

LA CECILIADE.

Au contraire, seroit d'auantage atiser
Mon couroux flamboyant, comme le mont Chimere
S'enflame, plus il est humecté d'onde clere.
Mais, mais, n'enten-ie pas pres d'icy quelque voix,
Parlante à demy mots? ouy, ie ne me deçois.

Saincte
Cecile &
Valerian
sortent.

Voicy quelqu'un tout beau, retournons nous arriere;
Sont peut-estre, de ceux, que la dextre meurtriere
De mes boureau attend, pour par le flegeton
Leur ame criminelle addresser chez Pluton.
„ Escoutons leurs discours, la porole de l'homme
„ Monstre s'il est en soy ou meschant, ou preud'homme.

VALERIAN.

Mais, Cecile, dy moy, quelle est l'opinion,
Que tu as de Tiburce en la religion
Qu'il desire embrasser?

ALMACHIE.

Ils en sont, c'est sans doute.

SAINCTE CECILE.

Il me semble qu'il a l'ame fort bien resoute.

VALERIAN.

Mais, qu'il tarde beaucoup!

SAINCTE CECILE.

Tiburce
entre.

Vn affaire important,
Tel comme cestui-là ne s'acheue à l'instant:
Toutefois regardés il nous suit à la trace.

VALERIAN.

O Dieu, Dieu, qu'il est beau! ô l'Angelique face!

TIBVRCE.

Ie reuien de chez vous, afin de vous y voir,
Où mon estat Chrestien vous eussiés peu sçauoir.

ALMACHIE.

Voila, voila mes gens boureau que l'on s'apreſte.

SAINCTE CECILE.

Vous eſtes donc Creſtien?

TIBVRCE.

Voire, ſans d'autre enqueſte.
Ieſus le bel enfant, qui vous ſuit à coſté!
Seroit-ce bien voſtre ange? hé! que ie ſois eſté
Promtement (s'il vous plaiſt) de cette certitude,
Qui trempe mon eſprit en vne inquietude!
Humble ie vous en pry, au nom du Dieu viuant.

SAINCTE CECILE.

Ouy, mon Couſin, ce l'eſt, ie vous en fay ſçauant.

TIBVRCE.

,, O qu'heureux eſt celuy, qui va ſoubs tell' eſcorte,
,, La ſeule compagnie en eſt beaucoup plus forte,
,, Conduite en toute part de la diuinité,
,, En eſtant vn chef-d'œuure orné de pureté.

VALERIAN.

C'eſt doncques le Chreſtien.

TIBVRCE.

Le Chreſtien?

VALERIAN.

Ouy, luy meſme,
Nettoyé comme vous, de l'eau du ſaint bapteſme,
Ie vous aduiſe bien, qu'il prend poſſeſſion
De noſtre ame, auſſi toſt que l'on fait ceſſion
Au culte des faux Dieux, & temple ſathanique,
Pour eſpouſer le ioug, de la loy Catholique.

TIBVRCE.

I'en eſpreuue vrayment des effets en mon cœur,
Par ce depuis le temps, que Cecile ma ſœur,

La guide du bõ Ange eſt la guide de Dieu.

Cil qui renonce à ſathan, & ſe fait Chreſtien, l'Ange de Dieu l'aſſiste touſiours & l'embraſe de charité.

Au vif m'esguillonna de sa viue parole,
Et qu'vn peu de liqueur de l'onde douce-molle,
De ce fleuue sacré fut distilé sus moy:
Ie ne sçay, mais ie sens dans moy, ie ne sçay quoy,
Qui m'embrase l'esprit d'vne si viue flame,
Que l'acier affilé d'vne meurtriere lame,
(Preste de fenestrer mon corps de part en part,
Pour de ce siecle bas despescher mon depart)
Ne pourroit me forcer par effroyable crainte,
De quitter de mon Dieu la loy purement sainte.

Comparaison d'vne grande côstance.

Non plus qu'vn dur rocher ne s'esbranle constant,
Pour orage, tempeste, ou tonnerre esclatant:
Mais ferme sur son pied, & haut dressant la teste,
Se mocque de l'orage, & foudreuse tempeste.

ALMACHIE.

Iupiter, Mars, Vulcan, Saturne, & toy Ianus,
Dieux celestes puissans des mortels reconus:
Pluton, Minos, Eacq, & vous Dires bourelles,
Qui bourellés la bas les ames criminelles: (temps,
Quoy? quoy? permettrés vous, permettrés vous long-
Ces auortons infects, ces bastards inconstans,
Verser vn noir poison de religion sotte,
Parmy ceux, qui vers vous ont l'ame tant deuote?
Iupin où est ton foudre? & toy Mars ta fureur?
Vulcan tes fers trempez? toy Saturne faucheur
Où est ta grande faux? & Ianus ta prudence,
Qui ne mets au neant leur superbe insolence?
Toy Minos qu'attens-tu de rendre iugement?
Et toy Pluton, pourquoy, surseois tu ton tourment?
Vous filles de la nuict, qui portez sur la teste
Des tortillez serpens pour vostre tresse honeste,

Imprecations.

Que ne ramaſſez vous vos peines tout en vn,
Pour punir ces meſchans, qui gaſtent le commun?
Ah! Ah! ie me repren, les deités ſupremes
M'ont mis ce glaiue en main, pour (ainſi comme eux
En vſer ſur leurs corps, ſelon la grauité   (meſmes)
Du vice de chacun, & ſale enormité:
Mais aux Dieux infernaux appartient la reſerue
De la punition de l'ame vile & ſerue:
Apres qu'ils ont ſouffert le ſupplice premier
En leurs corps, par arreſt de droiE iuſticier.
Ca, doncques ça, voyös, quels Dieux ils recognoiſſent,
Quel Roy eſt leur ſeigneur, qui ceux qu'ils meſcognoiſ.
Qui eſtes vous, parlés, qui d'vn pas orgueilleux   (ſent.
Allés ainſi marchants, & d'vn front ſourcilleux?
Quels propos ourdiſſoit voſtre langue profane
Tantoſt, contre les Dieux, contre leur ſacré fane?

VALERIAN.

Qui nous ſommes monſieur, le magnifique rang,
(Que nous tenons à Rome, extraiEs de noble ſang
De l'vn & l'autre eſtoc) nous fait aſſez cognoiſtre,
Sans par denombrement le vous faire apparoiſtre.
Pour le regard du point de la religion,
Qu'ores nous profeſſons, (auec deuotion.
D'y viure auſſi long temps, que l'abeille ſoigneuſe
Se nourira de thim, & la cicade oyſeuſe
De la fraîche roſée, & le poiſſon dans l'eau,
Et parmy l'air ſerain le volatile oyſeau,)
Ie penſe qu'il diſcorde, autant d'auec le voſtre,
Que le blanc, & le noir oppoſez l'vn à l'autre.
Nous n'adorons qu'vn Dieu, vous en adorés cent:
Voz Dieux ne peuuët rien, le nôſtre eſt tout-puiſſant,

Voz Dieux ne sont la part que vous les voulés mettre,
Le nostre est en tout lieu par vertu de son estre.
Vous voyés bien voz Dieux, ils ne vous voyes pas,
Le nostre nous voit bien, nous ne le voyons pas,
Voz Dieux ne sont en fin que des veines idoles,
Qui n'ont esprit, ny sens, ny vie, ny paroles.
Le nostre n'est qu'esprit, qu'vn sçauoir tresparfait
Qu'vn' eternelle vie, & qu'vn verbe d'effet.

ALMACHIE.

Venez-çà, Rodomonts, venez chaudes ceruelles,
Que ie vous parle ouuert de tout autres nouuelles.
Vous estes donc issus d'ancienne maison
Celebre, dites vous, & pour ceste raison
Vous sera-t'il permis de trier la partie
D'vne religion, à vostre fantaisie?
Qui vous apprend cela? quelle loy? quels statuts?
Sont-ce droicts dependants de voz nobles vertus?
Ah! pauures abusés! nous vous ferons paroistre,
Que vous estes sujets, & que nous sommes maistre.
Aprochés, dites-moy, recognoissés vous point
Alexandre Empereur (Prince orné de tout point
De grands perlection de Maiesté Royale)
Pour vostre vnique Roy.

TIBVRCE.

A quell' fin principale
Demandés vous cecy?

ALMACHIE.

La vie des
suiets est à
la mercy
des tyrans.

Quoy? repartissés vous,
Sans respōdre aux objets, qui vous sont faits par nous,
Nous qui pouuons tramer le fil de vostre vie,
Tant si court & si long qu'il nous en prend l'enuie

Repondés,

Respondés, mais en bref, ou i'ateste les cieux.

TIBVRCE.

Toutes les fois qu'il tonne, & qu'en l'air spacieux
L'esclair ne single point parauant le tonnerre,
L'on s'espouuante vn peu: Mais il passe grand erre,
Sans porter soubs le bruit de son bourdõnement,
A chose que ce soit dommage aucunement.
Ainsi de quelques vns les mines menaçantes
Effrayent vn petit, mais ne sont point nuisantes.

Mespris de
Menaces.

ALMACHIE.

Dites-vous? effrontés: Ah! c'est doncques ainsi
Que vous me redoutés. Oy! quels gens sont-ce-cy?

SAINCTE CECILE. VALERIAN & TIBVRCE
tous ensemble.

Qui ne craignent que Dieu.

ALMACHIE.

Vous parlés tous ensemble.

SAINCTE CECILE, VALERIAN & TIBVRCE.

„ *Tous trois nous le craignons , & soubs luy chascun*

ALMACHIE.   (tremble.

Ie vous feray trembler toutefois dessoubs moy,
Ou, vous vous rangerés aux loix de vostre Roy.
Deburiés vous pas plustot animés de courage,
Et ialoux de l'honneur de vostre prince sage,
Vous mesme reprimer vn vulgaire fascheux,
Qui clandestinement attise malheureux
Dans son cerueau boüillant, (au mespris de son Prince)
Des haines coune-feu, pour perdre sa prouince?
Car ainsi que l'on voit soubs le globe azuré,
Qu'entre diuerse fleurs d'vn iardin peinturé,
(Dressé en vn vallon, ou dessus quelque crope)

Comparai-
son du sou
cy, ou tour-
nefol au
suiet, spe

H

cialement
noble, le-
quel doit
suiure le
vouloir de
son Roy.

Le iaunaſtre ſoucy, auec l'heliotrope
Tournent (baiſſant le chef) la part ou le ſoleil
Tire pour eſclairer le monde de ſon œil.
Ainſi de tous ſujets l'illuſtre Gentil-homme,
(Qui doit luire d'honneur au deſſus du ſimple homme)
Deburoit auſſi ſur tous mouler ſa volonté
Aux decrets reſolus de ſon prince indomté.

VALERIAN.

Comparai-
ſon des ar-
bres qui ſe
plaiſent en
diuers lieus
comme les
hommes a
diuerſe fa-
çon de vi-
ure.

Mais vous ne dites pas, que maints arbres fertiles,
(Frugiferes de ſoy) peuuent eſtre ſteriles
Plantés confuſément dedans vn meſme champ.
Les vns ayment l'eſclat de Phebus au couchant:
Les autres le leuer de l'aurore blaffarde.
Les vns ſe plaiſent plus pres de l'onde fuyarde:
Les autres aux lieux ſecs, les aucuns ſur les monts:
Les autres en la plaine, & le reſte aux vallons.
Ainſi pour le regard de la nature humaine,
» *(Qui de diuerſe humeur eſt diuerſement pleine)*
Elle ne peut pas bien (pour ſon accroiſſement)
D'vne meſme façon viure communément.
Les vns veulent cecy: d'autres vne autre ſorte.
C'eſt en fin que chacun veut ſon bien ſe rapporte.
Ainſi penſeriés vous nous faire (malgré nous)
Suiure le culte vain de faux Dieux comme vous?
Trop pluſtot verra-t'on les cerfs emplumés d'aiſles
Humer le vent en l'air, pluſtot les hirondelles
Becquetantes toudront le tapis vert-mollet
(Ionché de mille fleurs) d'vn riche pré douillet:
Auant que nous changions noſtre foy Catholique,
Pour tenir voſtre loy vrayment Diabolique.

ALMACHIE.

O blaſpheme execrable! ô infernaux demons!
Sortés des cachots noirs de voz ſales priſons.
Et toy graſſeux Charon pirate raba-joye
Emporte, pille, pren, cette ſordide proye:
Paſſe-là au de-là le fleuue ſtygieux,
Où (ces demons eſtans) la portent à leurs Dieux.
Ie m'en vay leur rauir leur miſerable vie,
Ou leur volonté donc ie tiendray aſſeruie.

TIBVRCE.

Il eſt bien malaisé, impoſſible du tout
De pouuoir ce dit-on iamais venir à bout,
De faire quitter lieu aux douces colombelles,
Où, croiſt quelque bô grain au gouſt ſauoureux d'elles:
Qu'elles ont recogneu propre à leur aliment,
Pour en auoir gouſté vne fois ſeulement.
Ainſi ſcay-ie fort bien que nous (qui depuis guere
Sommes r'aſſaſiés d'vn ſucre ſalutaire,
(Dont Ieſus Chriſt nourrit ſes humbles ſeruiteurs)
Que pour griefs tourmês, que pour fer, que pour flame,
L'on ne nous pouroit pas en demembrer noſtre ame.

ALMACHIE.

Ah! c'eſt doncques ce Chriſt, que vous honorez tant:
Et les Dieux d'Almachie, allez vous rebuttant?

VALERIAN & TIBVRCE.

Nous reuerons le Dieu qu'il faut que l'on reuere,
Empereur ſouuerain des cieux, & de la terre.

ALMACHIE.

Empereur ſouuerain?   VALERIAN.
Souuerain Empereur.

ALMACHIE.

Alexandre qu'eſt-il?   VALERIAN.

H ij

Ton maiſtre, & gouuerneur:
Et luy de noſtre Dieu la creature vile,
Trop plus que n'eſt à l'homme vne beſte ſeruile.

ALMACHIE.

Que i'endure cecy à ma barbe, à mon front,
Que l'on face à mon Roy, vn ſi vilain affront?
Bourreau, appreſte toy, affile ton eſpée,
Dans leur ſang vicieux, ie la veux voir trempée,

MOVSTAROT.

Commendez ſera fait, voyez ce bras charnu,
Ce coutelat trenchant, qui n'eſt qu'à demy nu,
Ce tortis de cordeaux, ce milan guette-proye
D'vn homme eſtimant moins la vie que d'vn oye:
Me voila ià tout preſt, il ne faut que trois mots,
Tuë, tuë, bourreau, maſſacre ces cagots.

Comme vn eſclair mouuant, paſſant deuant la veuë
Traine vn foudreux tonnerre auſſi toſt à ſa queuë:
Quy fracaſſe, qui rompt, qui briſe auec effroy
Ce qu'il trouue en roulant affermy contre ſoy.
De meſme aſſeurés-vous (car la parque i'ateſte)
Qu'au ſigne plus petit, que i'auray manifeſte
De vous (iuſte preuoſt de mon grand Empereur)
Qu'auſſi toſt vous oyrés eſclater ma fureur
Sur ces ſeditieux, ſans eſtre pitoyable
Aux plaintes naure-cœurs de leur voix lamentable.

ALMACHIE.
Tien toy donc touſiours preſt: or ça qu'en dites vous?

VALERIAN.
Plus vous nous menacés, plus nous ſommes reſouts.

ALMACHIE.
,, L'aymant attire à ſoy le fer de toute ſorte:

[marginal note:] Comparaiſon de l'eſclair rapporté à ceux qui quaſi preſque pour neant ſe mettent en fouque & briſet tout.

„ *Le Roy tous ses sujets aussi, par sa main forte.*

VALERIAN.

Ouy, mais comme l'aymant n'attire que le fer,
Sans esleuer vers soy ce qui est plus leger:
De mesme tout propos n'esmeut toute personne:
Mais cil qui touche ià à quoy prompt il s'adonne.
Partant preschés, tonnés, menacés, tourmentés,
Encores moins beaucoup sur nous vous profités,
Que si vous battiés l'air, vous peignés dessus l'onde,
Vous embrassiés les vents, & renuersiés le monde.
Celuy qui auroit pris dés son leuer matin
Vn salubre antidot, pour se conseruer sain:
Soit qu'il auale apres quelque poison mortelle,
Ce venin perd en luy sa force naturelle.
Ceux-la qui sont aussi entierement imbeus
Des preceptes diuins, qu'a grands traits ils ont beus:
Le parler venimeux d'vne langue meschante
Mortelle quelle soit, ne leur est pas nuisante.
Dites, faites, rompés, vous perdés vostre temps:
Le sainct esprit en nous, nous rend ainsi constans.

Comparaison des effects d'vn bon antitot à la doctrine de Dieu.

ALMACHIE.

L'esprit demoniaque, obstiné, miserable.

TIBVRCE.

„ *L'esprit d'vn Dieu, qui est d'essence impartissable,*
„ *Qui estant vn, est trine: & trine, n'est qu'vn Dieu:*
„ *Le pere, son esprit, & son fils au milieu,*
„ *Le pere Dieu de soy, le fils Dieu, par son pere:*
„ *Mesme le saint esprit, qui tous deux les infere,*
„ *Estant tierce personne en la diuinité*
„ *Emanant des deux: mais qui de verité,*
„ *(Toutes les trois en vn) n'ont qu'vne essēce vnique,*

Maxime de l'vnique essence de Dieu, & de la Trinité des personnes.

H iij

,, *Remplissant tout ce tout d'vn pouuoir deifique,*
,, *L'ayant ainsi basti de son verbe puissant,*
,, *Et par lequel aussi l'ira demolissant.*
    Voila des qualitez de ce Dieu que i'adore.

ALMACHIE.

O folle opinion, qui vostre esprit deuore!
Et qui (si ie laissois ramper ce venin là)
Mettroit tost mon estat en trouble, pour cela!
Comme au printemps muable, & dangereux automne,
Le change de saison nuit à mainte personne.
Ainsi la nouueauté, de chose que ce soit,
Perd vne republique, où l'on l'endureroit.
C'est donc assez parlé, auancez satalites,
Prenez, garottez les, sans plus d'autres redites.

MOVSTAROT.

Cà, çà, compagnons çà, çà, maistres seducteurs:
Vrayment c'est raison, que, comme imitateurs   (me,
De Christ vostre grand Dieu (autrefois vn pauure hõ-
Fils d'vn simple artisant, d'vn charpentier en somme,
Vous sentiez comme il fit, combien peut le pouuoir
De cil, qui soubs le ciel de pair ne peut auoir.
Il mourut soubs Cesar, & vous soubs Alexandre
Verrez à vostre dam, qu'il ne faut entreprendre
Iamais contre son Roy, son maistre, son Seigneur
Chose mal à propos, pour se perdre d'honneur:
Et principalement de ne vouloir ensuiure
Le culte qu'il professe, ains tout autrement viure.
Pilate prononça sa sentence de mort,
Par ce qu'il se disoit Roy des Iuifs, à grand tort:
Outre plus fils de Dieu, autheur de tout le monde,
Du ciel venu çà bas, pour le pecheur immonde.

Voila le point pourquoy (comme imposteur meschant)
Il fut apres l'arrest mis à mort sur le chant.
Le Preuost Almachie a la mesme droiture,
De decreter sur vous cette rude capture:
Parce que mesprisant les Dieux de l'Emperour,
Vous adorés plustot vn pendart abuseur.
Que si vous ne voulés fumer de sacrifice
Leurs autels comme nous: luy Claue de iustice,
Par mes sanglantes mains vous enuoyra la bas
Ainsi que vostre Christ en l'eternel trespas.

VALERIAN.

Tu blasphemes bourreau, crains-tu point sa vengeãce?

MOVSTAROT.

Ouy, d'vn homme cloué au bras d'vne potence.

VALERIAN.

O Dieu que tu es bon!

MOVSTAROT.

Sa bonté la perdu
Croyés-le bonnes gens; fait-il bien l'entendu?

TIBVRCE.

Tout beau, n'en vomis plus, ie crain qu'a ta malheure,
Tost ou tard miserable il faille que tu meure?

MOVSTAROT.

Bien, alors, comme alors: mais attendant ie croy,
Que vous estes au point de marcher deuant moy.
Monsieur le Lieutenant, i'ay fait vostre ordonnance.
Que me reste-t'il plus à faire?

ALMACHIE.

Patience.
N'amolliray-ie point ces cœurs diamantins,
Qui vous rendent ainsi resolumént mutins?

VALERIAN.

Comme le diamant, pierre vrayment exquise,
Martelé sur l'enclume onc pourtant ne se brise:
De mesme les tourmens, que vous aués compris
De nous faire endurer, ne rompront noz esprits.

SAINCTE CECILE.

Courage mon espoux, Valerian, courage,
Courage, mon cousin, l'honneur de ton lignage.
Es olympiques ieux, (ou pour les beaux esbais
Des Seigneurs,) se dressoit tout genre de combats:
Vous sçaués mieux que moy, que n'en partoit personne
(Portant dessus le front la vinqueuse couronne)
Qui n'eust premierement, d'vne adextre vertu,
Son luiteur ennemy, battu, & abattu.
Ainsi pour dans le ciel, lieu de vostre origine
R'emporter, triumphans, vne gloire diuine:
Ne craignés les assaux des tyrans inhumains:
Mourés pour celuy-là, qui vous fit de ses mains:
Qui vous a garentis de l'infernale geheine,
Par sa mort, que pour vous, il souffrit à grand peine:
Car mourant vous viurez, & gaignerez le pris,
Si precieux, qu'il est d'inestimable pris.

L'ANGE.

Ouy, vous le gaignerez, ouy ie vous en asseure:
Croyez le fermement, c'est chose vrayment seure.
Ie l'appren de l'esprit du Dieu de verité,
Qui par vn doux instinct de sa diuinité,
Comme à son cher mignon, à voulu, de sa grace,
Me la communiquer clerement face à face.
Mais ie vous diray bien pour vous enfler le cœur
D'vn courage indomptable, & royalle valeur,

Que comme vous voyez maints gentilshōmes braues
Bien dreßés, bien nourris, nō moins courtois que gra-
Quand il eſt queſtion de courir à qui-mieux,   (ues:
Pour emporter la bague, vn chacun enuieux
De l'honneur, ſe diſpoſe, & broſſant la carriere,
L'vn l'emporte ſur tous d'vne gente maniere.
,, Ainſi de tous humains icy bas combatans,
,, Pour le butin des cieux, peu le vont r'emportans,
,, Si iuſques à l'arreſt de leur courſe mortelle,
,, Il ne tracent l'honneur. Donc que voſtre ame belle,
,, Conſtante iuſqu'a huy encontre tout effort,
,, Pour ioüir de ce bien, le ſoit iuſqu'à la mort.

VALERIAN, & TIBVRCE, enſemble à genoux.

O Dieu, donne nous donc ceſte roide conſtance,
Nous ne demandons rien à ta toute-puiſſancè,
Que ce dernier preſent de ta douce faueur:
Ains que mourants pour toy de meſme libre cœur
Que tu as fait pour nous, auſſi par tes merites,
Que nous ſoyons la hault de tes troupes elites.

ALMACHIE.

Il eſt temps d'accomplir ce que i'ay proteſté,
Apres auoir ainſi longuement conteſté.
Bourreau meine les moy aux lieux patibulaires
De ce pas, ſans tarder: à ces deux refraĉtaires
De ton glaiue trenchant ſepare moy du corps
Leurs chefs, pleins de meſchef, que ie les treuue morts,
Lors que ie paſſeray par ceſte place honteuſe
Incontinent, pour voir ceſte fin malheureuſe.

VALERIAN.

Sanguinaire preuoſt, ſçais-tu pas que le vent,

I

Comparai-
fon d'vn
vent fort &
violent à la
mort preci-
pitée.

(*D'autant plus fur la mer qu'il foufle vehement*)
Fait furgir bien pluftot au haure la nauire:
Que celuy qui eft lent, & doucement foupire?
Car au lieu d'efgayer d'auentage il ennuit,
Et le calme trop long au marchant fouuent nuit.
De mefme plus heureufe eft la mort, qui deliure
Soudain l'homme des maux de ce caduque viure.

MOVSTAROT.

Allons, Charon attend fur le bord Phegeton
Vos efprits condamnés, pour les rendre à Pluton:
Le corbeau affamé de charogne puante
Attend, à defchirer voftre chair pourriffante,
Qu'il me faudra ietter fur quelques grands chemins
Quand vous aurés paffés par mes meurtrieres mains.

ALMACHIE.

Va t'en, defpeche toy: ie veux par leur fuplice.
Tant d'eux, que de leur race efteindre la notice.

TIBVRCE.

Comparai-
fon des
poudres de
fenteurs
broyées
menuës,
rapportée
à la vertu
agitée.

Plus on broye menu les poudres de fenteurs,
D'autant mieux fleure-t'on leurs fuaues odeurs:
Ainfi plus la vertu de l'homme eft exercée
Par effort de malheur, plus elle eft difpercée:
Si bien que toy tyran plus tu nous geheneras,
D'autant plus noftre los par tout tu femeras.

VALERIAN.

A Dieu ma chere efpoufe: or çà que ie t'embraffe,
Et pour dernier adieu, que ie baife ta face.

SAINCTE CECILE.

Mõ cœur, ie ne veux pas vous quitter, s'il vous plaift.

L'ANGE.

N'auffi feray-ie moy.

SAINCTE CECILE.

Mais ce qui me desplaist,
C'est qu'on ne me permet vous tenir compagnie
Quant & quant à la mort, qui vous est definie.

TIBVRCE.

Vostre temps n'est venu comme le nostre l'est,
,, Dieu disposant de tout, ainsi comme il luy plaist:
,, Le ieune, le viellard, l'homme viril en somme,
,, Par le statut d'enhaut prend fin, & se consomme.

L'ANGE.

Voyez chers fauoris de l'Empereur celeste
Voyez moy, ie vous pri' cette couronne leste:
Cette branche de palme, & ce laurier vainqueur,
C'est le pris appresté, pour vostre saint labeur.
Courage encor vn peu, courage belles ames,
Vous ne sentirez point les eternelles flames:
Car ie les porteray au sein de Iesus Christ,
Si tost que de la vie aurez rendu l'esprit.

La palme
couronne
des Mar-
tyrs.

VALERIAN.

Allons, mon frere, allons librement aux supplices,
Pour viure aupres de Dieu en heureuses delices.

Ils sortent.

LE CHOEVR.

C Omme l'ancre crochuë,
Bi-fourchuë
Fait sister le nauire
Qu'il ne vire:
La diuine faueur
Du Sauueur
Tient l'homme constamment
Au tourment.

Comme en la mer ondeuse,
Perilleuse,
Souuent l'ancre degage
Du naufrage:
La diuine faueur
Du Saueur
Apporte allegement
Au tourment.

Comme la nef haurée,
Bien encrée,
Morgue toute tempeste
Trouble-teste:
La diuine faueur
Du Saueur
Se mocque appertement
Du tourment.

Comme l'ancre mordante,
Fort tenante
Au temps rude & tranquille
Sert vtile:
La diuine faueur
Du Saueur
Au mal, ainsi qu'au bien
Duit tresbien.

ACTE CINQVIÈSME.

ALMACHIE.

OR sus, il y a donc commencement par tout:
,, Auec le tẽps aussi l'on vient de tout à bout,
,, Quand d'vn ordre reglé, d'vn iugemẽt solide
,, Aux affaires de poix on se monstre prouide:
,, Ainsi qu'au maniment d'vn peuple hydré de chef,
,, Duquel on ne vient pas du premier coup à chef,
,, Pour estre ou trop facheux, ou d'humeur plus mua-
,, Que le Cameleon de couleur dissemblable: (ble,
,, Il faut pour le domter, qu'vn sage gouuerneur
,, Ne precipite rien, pour s'enrichir d'honneur:
,, Quant auec son pouuoir la sagesse chemine,
,, Comme il cõmence bien, d'autant mieux il termine.
C'est vn presage bon si la nuict dans les cieux,
L'on peut apperceuoir les flambeaux radieux
Des gemeaux de Leda, treluisants tous ensemble
D'vn esclat lumineux, qui de pres se resemble:
Au contraire l'on tient pour augure mauuais,
Si de l'vn seulement apparoissent les rais.
Ainsi ne faut penser qu'vne grande puissance,
Puisse porter bon-heur, disiointe de prudence.
Il faut qu'en mesme temps elles soient chez les Rois,
Et chez leurs Magistrats, establissans les loix:
Ains de combler les bons de grace fauorite,
Et de punir le vice ainsi qu'il le merite,
Et comme ce double astre Apolloñ, & Iupin:

Belle comparaison de l'astre ge-mini quant il paroist ensemble, rapporté à la puissan-ce & pru-dence d'vn Roy & Magi-strat.

G iij

L'vn qui deſſus vn mont:l'autre qui ſus vn pin
Monſtre diuers effects,de diuerſe maniere:
C'eſtui-cy d'vn grand foudre:& l'autre de lumiere:
Phebus en diaprant les monts,de maintes fleurs,
Et Iupin renuerſant les pineuſes hauteurs:
Et d'autant qu'entre tous ceux-cy leuent la teſte,
C'eſt pourquoy Iupiter leur darde ſa tempeſte:
Et d'autant que les monts ſont plus prés du Soleil,
Pluſtot fleuriſſent-ils,aux rayons de ſon œil.
Ie veux dire qu'vn Roy,qu'vn Magiſtrat de ville,
A bien faire,ou punir ſe doit monſtrer habile:
Mais en recompenſant premierement les grands
Pres de luy,ſoubs leſquels ces hauts monts ie cõprens:
En chaſtiant auſſi des plus grands la hauteſſe,
Qui contre ſes ſeigneurs ſe roidit,& ſe dreſſe:
Laquelle ie figure en ces pins orgueilleux,
Qui par ſur tout autre arbre ont le front ſourcilleux:
Afin qu'en puniſſant les grands de prime entrée:
La commune peuplaſſe,inſolente,éffarée
Se range,par ainſi,au point de ſon debuoir,
Obeiſſant aux loix d'vn Magiſtrat pouuoir.
Comme nous auons fait,enuoyant aux ſupplices
Ces deux nouueaux Chreſtiens,fils de nobles patrices.
D'autant qu'obſtinement (contre l'Edict du Prince)
Ils adoroient le Chriſt homme ſimplement mince.
Voicy l'executeur,qui vient bien eſchauffé,
Il ſemble à ſon couſteau,qu'il les a deſcoiffé.
Et bien,quoy,eſt-ce fait?

MOVSTAROT.

En voila l'apparence:
Mais le vray prés d'icy contre voſtre preſence.

Auancés-vous d'vn pas ſi c'eſt voſtre plaiſir,
Ie les vous monſtreray, ſelon voſtre deſir
Executés à mort: cette ſeigneuſe eſpée,
D'vn reuers de mon bras à leur teſte coupée.
Leurs corps giſent tout-plat ſur vn large eſchaffault,
D'où i'ay precipité leurs eſprits d'vn plein ſault,
Iuſques au plus profond de la barque poiſſeuſe
Du paſſeur renfrongné de l'onde ſtygieuſe:
Où les bourelles ſœurs, au riuage bourbeux,
Attendent de pied coy, ces pauures mal-heureux,
Qu'empoignant rudement dans cette orde nacelle,
Elles martelent ià de leur gehenne eternelle.

ALMACHIE.

C'eſt le pris merité de leur mutine orgueil,
Qui traine quant & ſoy, vn lethique cercueil.
Comment, ne faire cas des ordonnances ſainctes
De mon Roy? mais au lieu de les auoir empreintes
Viuement en leurs cœurs, pour les executer,
Ils ſe croiſent encontre, ains de les refuter?
Non, non, les fiers demons, forgerons de ſupplices,
N'en ont d'aſſés griefs, pour ſi grands malefices.
Cà, monſtre moy leurs corps: ie me meurs de les voir:
Puis que leurs ames ſont en l'Orcique manoir.

Le loier de l'orgueil c'eſt l'eſfer.

MOVSTAROT.

Les voyla, regardés: beau ſpectacle exemplaire.

ALMACHIE.

Exemplaire vrayment, & iuſte & neceſſaire:
Neceſſaire pour tous, tel qui ſoit, ieune, ou vieux.
Pour ne plus, cy apres, adorer autres Dieux,
Que ceux, que l'Empereur commende qu'on adore,
Et que de ſacrifice à toute heure on honore.

Le boureau ouure la tapiſſerie & monſtre les corps de Valerian & de Tiburce.

Car quiconque effronté, ne s'y mirera pas,
A la mesme fusée il trame son trespas.
Mais, dy moy, Moustarot, que deuint leur conduite?
Demeura-t'elle-là? print-elle pas la fuitte,
Quant elle vit qu'au poingt tu sacquois ce cousteau,
Prest de le voir sus eux faire vn coup de bourreau?

                    MOVSTAROT.

Elle ne bougea point: ie ne sçay quel genie
La rendoit si constante: ou si quelque manie
Ne la possedoit pas: car ie ne vy iamais
Femme plus asseurée en si plorables faits.

                    ALMACHIE.

Elle attendoit la fin?

                    MOVSTAROT.

Ouy, ie vous en asseure.

                    ALMACHIE.

Quelle route tint-elle?

                    MOVSTAROT.

A cela, ie vous iure,
N'ay-ie point aduisé: empesché que i'estois
A serrer, diligent, le butin que i'auois:
Mais la voicy tout prés.

                    ALMACHIE.

Ah! c'est donc vous mignonne?
Venés, approchés vous plus pres de ma personne.
Escoutés moy parler: mesme faites si bien,
Que ie n'aye subjet de vous fondre en vn rien.
Ne doy-ie pas, Prevost, ne doy-ie pas defendre,
La puissance que i'ay, de mon prince Alexandre?

Exemple
des effects
d'aucuns
Ainsi que quelque foudre a cette vertu là,
Que de liquifier tantost cy, tantost là,

                                        Les

Les metaux les plus durs: sans toutefois qu'il face
Cest effort, sans effort, sur la cire mollasse.
De mesme le pouuoir d'vn Lieutenant de Roy,
Contre les endurcis au refus de sa loy,
S'aigrissant offencé, les accable, les mine,
De fond en comble aussi les perd, & les ruine:
Mais vers l'humble suiet, son enflambé couroux
S'eschange en luy parlant, en vn zephire doux:
Qui plustot doucement les eschauffe de zele,
Que d'vne froide peur iamais il les vous gele.
Pense donc à mon dire, & pren ce mien conseil
De cil, qui ne veut point te vefuer du soleil,
Qu'entant que le destin vrayment ineuitable,
Auroit borné le cours de ton âge passable.
Si ce n'est que tu sois rebelle entierement
Contre mon ie-le-veux sans autre tardement.

foudres li-
quifians les
metaux sãs
toutefois
fondre la
cire : en
quoy les
orgueil-
leux & les
humbles
peuuent
prendre
quelque
enseigne-
ment.

SAINCTE CECILE.

Tyran, maudit tyran, qui trenches du brauache,
Au Roland furieux: ie veux bien que tu sçache,
Que ie fay moins d'estat de toy, & de tes Dieux,
(Dieux, non pas, mais demons aux Chrestiens odieux)
Que d'vn chien, qui n'est pas si vile creature
Que tu es, monstre hideux en l'humaine nature.
Plustost sur l'Occean verra-t'on quelque iour
Le champestre paisant soigneux de son labour,
Auec vn soc beccu fendre les reins de l'onde,
Et solide rendu tout en terre feconde,
L'ensemencer de grains, au seraines saisons:
Pour l'an suiuant prochain cuiellir plaines moissons:
Et plustot verra t'on la terre ferme seiche
Se conuertir en eau clere, coulante, fraiche,

Impossibi-
lites en la
nature.

K.

Où l'auare marchant enuoillera ses naux,
Et courra sillonnant, & les monts, & les vaux,
Applanis par le mol de cette humeur liquide,
Pour trafiquer, ainsi que sur la mer humide,
Auant que l'on me voye oncques flechir soubs toy:
Ny soubs ton Empereur plus vilain, qu'il n'est Roy:
Si encontre l'honneur de mon Dieu, Dieu supreme,
(Qui mesme maugré vous est le Dieu de vous mesme)
Vous m'alliez commendant chose qui l'offençast,
Ou mon heureux salut aussi desauançast.

ALMACHIE.

Et quoy, grand œil girant Titan porte-lumiere,
Qui vois tout au galop de ta ronde cariere,
Ne le cleignes tu pas, en passant par dessus
Ce prodige monstreux, pour ne l'esclairer plus?
Et toy Dieu foudroyant le laisses-tu sur terre,
Que ne le brises tu de ton brisant tonnerre?
Mais toy mesme Almachie, image de tous deux,
(Commis pour regenter les Romains belliqueux:
Et rechercher par tout ceste ville ancienne
Ceux qui secrettement tiennent la loy Chrestienne)
Que ne commendes-tu à ton sanglant bourreau,
Que de son sang pourpré il peigne ce carreau,
Puis qu'elle grossit tant d'ambition fumeuse
De sister à pied ferme en sa loy venimeuse?
Venimeuse ie dy, en ce pullulant,
Elle infecte desia la nostre en la troublant.
Mais quel honneur pour moy? c'est vne simple femme:
Sa mort m'obscurciroit de deshonneur infame.

L'humeur de la femme est or-

Ie luy veux parler doux, me formant à l'humeur
De son sexe courtois, plein de pure douceur:

Peut estre par ainsi, plustot que par la force
D'auec son Dieu pendu fera telle diuorce.
Mais, que dis-tu, preuost? quoy quoy, luy parler doux?
Non, non, gardes-t'en bien. Phœbus qui luit sur nous,
Vers le pauure chetif n'est autre qu'au plus riche:
Ny au champ labouré, qu'a cil, qui est en friche.
De mesme vn Magistrat se doit monstrer commun
Au parler, au punir, sans accepter aucun.

SAINCTE CECILE.

Fay fay, fay contre moy, ainsi que bon te semble:
Car ie t'aduise bien, que vrayment ie resemble
Au braue capitaine, attendant courageux,
Enfermé dans son fort vn siege ruineux.
Il amasse premier ses thresors, sa richesse,
Qu'il cache sourdement en quelque seure addresse:
Et prudent, se munit de ce qu'il peut penser
Contraire à l'ennemy, qui vient pour l'offencer.
Ainsi en ay-ie fait: pour me croiser constante
Contre les forts assauts de ton ame meschante.

ALMACHIE.

Tu as touché le point, où ie visois le plus.
A propos de thresors, dy moy, où sont reclus
Ceux là, que possedoient ton espoux, & ton frere?

SAINCTE CECILE.

Ils sont en bonnes mains: qu'en auez vous affaire?

ALMACHIE.

Ie les veux confisquer: d'autant qu'ils sont à moy.

SAINCTE CECILE.

Ie les ay tous baillez.

ALMACHIE.

Baillez? à quy? pourquoy?

dinairemét
douce.

Comparaison du soleil au Magistrat, pour se monstrer egal tant à l'vn, comme à l'autre.

Comparaison exemplaire du capitaine attendant vn siege rappellé à la preuoyance & resolution.

K ij

SINCTE CÉCILE.

> **Les pauures sont les membres de Dieu.**

Aux pauures langoureux:car ils leurs appartiennent,
Comme membres de Dieu,dont encor ils retiennent
L'ame spirituelle hoteffe de fes dons:
Sans conter outre plus mille & mille pardons.
Mais le fujet,pourquoy,i'ay voulu charitable
Prodiger, & le leur,& le mien periffable:
C'eft,que pour viure entier & de corps,& d'efprit,
En fainéte pieté auecques Iefus Chrift:
Il faut quitter le foin dés richeffes mondaines,
Qui d'efpineux acrocs font prefques toutes pleines.

> **Comparaifon du diamant mis contre l'aymât qui ne luy permet d'attirer le fer comme l'affeétion des richeffes empefche le Chreftien de s'aprocher de Dieu.**

Car tout ainfi qu'on voit,qu'vn riche diamant
D'affés pres approché d'vn atraitif Aymant,
Pour rien n'endure pas que iamais il attire,
(Selon fon naturel)le fer,où il afpire.
Mais fi l'on retiroit,pour en voir le plaifir,
Ce rocher criftalin:auffi toft fans gefir,
Le fer,en fautelant,fortiroit de fa place,
Et f'en iroit coller à l'Aymantine face.
Que fi l'on le r'apporte on voit appertement,
Comme il rauit foudain le fer à cet Aymant.
Ainfi l'affeétion de richeffe terreftre,
(Qui n'eft de tout malheur,qu'vn malheureux cheue-
Repugne tellement à la fainéte candeur   (ftre,
De la religion du grand Dieu,mon Saueur:
Quelle empefche du tout que l'homme fe marie
Ca bas,auecques Dieu,ny en l'autre patrie.
Ceft pourquoy,ie ne veux autre fortable bien,
Que mon bien fouuerain,fur tout que i'ayme bien.

ALMACHIE.

Si faut-il les trouuer,& bien toft,ou ie iure,

(Et si de mon serment ie ne seray pariure)
Que tu esprouueras de si graues tourments,
Que l'enfer plein d'horreurs (comme de grincements
De feux brusle-tousiours, & d'autres mille gehennes,)
N'a pas, comme ie croy, de tant horribles peines.

SAINCTE CECILE.

Ce n'est pas d'auiourd'huy, il a tousiours esté:
Que les plumes de l'aigle ont la proprieté
(Mises en quelque lieu parmy d'autre plumage)
Quelles le mangent tout d'vn ordinaire vsage.
Ainsi c'est vne mode au tyran inhumain,
De deuorer son peuple asseruy soubs sa main:
Non seulement viuants: mais apres que leur ame
Est disiointe du corps, par leur meurtriere lame.
Tesmoin toy, Almachie, Harpien Magistrat,
Qui es dedans ton cœur tant, & tant scelerat:
Que non content encor de derober leur vie,
Si tu ne prens leurs biens tu n'as l'ame assouuie.

Les tyrans comparés aux plumes de l'Aigle.

ALMACHIE.

Plus n'en veux-ie endurer: c'est trop, c'est trop causé:
Approche toy bourreau.

MOVSTAROT.

Me voyla disposé,
Pour receuoir de vous toute telle ordonnance,
Que voudra decretter vostre forte puissance,
Sur qui vous semble bon, en moins d'vn tour de bras,
Ie les enuoiray morts, vers les morts de la-bas.
Plustot ces laides sœurs, race de proserpine,
Changeront leur nature infernale maligne
En la grace gentile, & venuste douceur
Des filles de Venus: que ie suis vn menteur.

I iiij

Commandés sera fait.

ALMACHIE.

Et bien, que veux-tu dire?
Parle, ou tu passeras, par vn cruel martyre.

SAINCTE CECILE.

La vie de
l'homme
côparée à
l'argét em-
prunté qu'il
faut rendre.

Faut-il pas que l'argent, qu'on auroit emprunté
D'vn amy, soit rendu de libre volonté?

ALMACHIE.

Il le faut, si l'on n'est d'vne ingrate nature:
Qui doute de cela? mais que veux-tu conclure?

SAINCTE CECILE.

Que la vie, que Dieu m'a commise en depost:
Pour, quant il luy plaira, luy rendre tard, ou tost
Est toute preste en moy: & faut que ie te die,
Que ie la luy rendray: & sans querimonie.

ALMACHIE.

De quel Dieu parles-tu?

SAINCTE CECILE.

Et du tien, & du mien.

ALMACHIE.

Le tien n'est pas le mien.

SAINCTE CECILE.

Mais le mien est le tien.

ALMACHIE.

Qui le Christ?

SAINCTE CECILE.

Ouy le Christ.

ALMACHIE.

Est-il pas mort luy-mesme,
Mesme par vn bourreau pour son sale blaspheme?

SAINCTE CECILE.

Comme homme il est biē mort: mais comme Dieu non
Il mourut innocent de tous ces vilains cas,   (pas.
Dont les Iuifs imposteurs faucement l'accuserent:
Ceux mesmes qu'en la croix, meschans, le condānerent
N'auoient pouuoir sur luy, que ce qu'il leurs donnoit:
Non plus que toy sus moy, s'il ne le permettoit.
Si tu me vas priuant de ma vie mortelle,
Sans doute qu'il le veut, pour me rendre eternelle.
Fay de moy donc, ainsi que bon te semblera,
Et sçaches ie te pri', que comme il endura
Pour mes sales pechés: pour sa iuste querelle
Qu'aussi veux-ie mourir d'vn charitable zele.

> Les Iuifs n'auoient puissance sur Iesus Christ que ce qu'il leurs bailloit.

ALMACHIE.

Ah! cest trop me brauer: empoigne-là bourreau:
Va t'en en mon logis, sur vn ardent fourneau
Tu treuueras posé, vne large chaudiere,
Que i'auois commendé d'emplir d'eau de riuiere:
Iette la moy dedans toute viue, ie veux
La consacrer ainsi à Pluton l'auerneux.
Va donc, despesche toy: puis de vitesse isnelle
Accourre t'en icy m'en dire la nouuelle.

MOVSTAROT.

Allons la belle, allons.

SAINCTE CECILE.

Allons bourreau, allons.
Le pelerin lassé en pennes sest alons,
Quand il sent s'approcher de sa natale terre.
Allons donc à la mort, allons, allons grand erre.
La mort est iustement la barriere des cieux:
Les cieux sont sans mentir, mon pays soucieux.
Plustot donc ie mourray, & plustot y seray-ie:

> Belle comparaison du voyageur qui ore qu'il soit las se haste toutefois estant pres de son pais.

Et pluſtot i'y ſeray, plus heureuſe, viuray-ie,
Adieu tyran, adieu.

MOVSTAROT.

Le boureau
emmeine
Saincte
Cecile.

Allons, allons, marchés.

ALMACHIE.

Haſtés vous Mouſtarot, & me la depeſchés.
C'eſt ainſi qu'il conuient deuancer l'infortune,
Qui guette finement vne pauure commune,
Pour la bouleuerſer, par quelque changement
De couſtumes, de loix, de meurs, ou autrement.
Quoy? ne voyons nous pas tous les iours par vſage,

Diſcours
politic.

Qu'vn expert medecin, bien preuoyant, bien ſage,
Par des remedes prompts, (dont il vſe ſçauant
Encontre certains maux) va premier au deuant,
Qu'ils paroiſſent à l'œil en notoire euidence.
Ainſi des Magiſtrats la prouide prudence,
Preuient, par chaſtiment, ou cruel, ou leger:
Qu'vn vice proiecté, (voiſin d'vn grand danger)
Ne ſe commette pas, à la perte publique
D'vn floriſſant Royaume, ou ſaine republique.
Que ſi par nonchalance, on ne remedioit
Au peril eminent, il en arriueroit,

Exemple
des Mede-
cins qui
vont au de-
uant des
maladies
comme les
Magiſtrats
doiuent
aller au de-
vant d'vn
trouble ou
ruine pui
menaces

Comme il aduient à ceux, qui (en quelque partie,
Du corps eſtant naurez en la chaude furie
D'vn chien mâtin, portant la rage quant & luy)
N'enragent ſeulement: mais n'y auroit celuy,
Qu'ils breſſeroient à ſang, des mains, ou de la bouche,
Que, priué de raiſon, ne forcenaſt, farouche.
Ainſi qui eſt imbeu de faulce opinion
Soit d'vn art, de police, ou de religion,
Il eſt fort malaiſé d'empeſcher qu'il ne nuiſe

La mauuai-
ſe hantiſe
eſt dange-
reux par la
comparai-
ſon d'au-
cuns mords
de chiens
enragés.

A d'autres,

A d'autres, s'il auoit leur familiere hantise.
,, Toutefois il est vray, que par subtil effort,
,, L'on peut treuuer remede à tout, fors qu'à la mort.
Et partant en cecy la meilleure conserue,
Dont il faut se seruir, qui desclandre preserue
Vn païs, vne ville, vne communauté:
C'est qu'au premier accez de telle nouueauté,
Comme (pour suffoquer le mal qui peut esclore,
Vn autre) l'on se sert d'arsenic, delebore,
Du mortel acconite: ou bien du scorpion,
Crocodile, vipere, & d'autre mixtion,
D'herbes, sucs, animaux d'eux mesmes mortiferes,
Tousiours-prests dispensez chez les apoticaires:
Pour chasser le poison du poison venimeux,
Vn venin chassant l'autre, or qu'il soit dangereux.
De mesme sçauons-nous qu'vn supplice exemplaire
De mauuais garnimens, fait quelquefois distraire
De mille impietez, voire les plus meschäts, (chands,
Comme paillards, meurtriers, & guetteurs de mar-
Peste autant dommageable en vne monarchie,
Que la diuersité d'infame idolatrie.
Afin doncques ainsi d'empescher ces Chrestiens,
Qu'en ce gouuernement de Rome, que ie tiens,
Ils ne s'accroissent plus: i'ay bien voulu entendre:
(Pour les en chastier de choisir, & de prendre
Les plus gräds des premiers, comme vn poison malin
Entre vn grossier vulgaire, au changement enclin:
Ains de bailler terreur à cette populasse,
Par leur sanglante mort, qu'elle s'en detournasse.
Oy! qu'elle douce voix arresté mes esprits?
Ie me sens de merueille esperdument espris.

L

Autre exé-
ple pour
conseruer
vne repu-
blique qu'il
n'y ait trou-
ble ou chä-
gement.
nuisible.

Sainéte Ce-
cile chante
dernere le
theatre ce

Mais n'eſt-ce pas chez moy?ouy, c'eſt chez moy, ſans
Patience, Almachie arreſte toy, eſcoute.　　　　(doute.
C'eſt la voix d'vne femme. He!ne ſeroit ce pas
La Chreſtienne Cecile, eſtant pres du treſpas?
Si c'eſt elle, elle fait comme l'oyſeau candide,
Qui degoiſe en mourant, ſur le Meandre humide.
Voicy noſtre bourreau, ſon exploit eſt donc fait.
Eſt-elle depeſchée?

MOVSTAROT.

Eſt elle plus dehait,
Plus ſaine, plus ioyeuſe, encore plus contente,
Qu'ores vous n'eſtes pas? eſcoutez elle chante.

CANTIQVE DE SAINCTE CECILE.

Si mon ame fut onc eſpriſe,
De chanter le los du grand Dieu,
C'eſt maintenant que ie ſuis miſe
Dans la flame, tout au milieu:
Flame qui m'eſt vn doux zephire,
Parmi l'ardeur de mon martyre.

Mais que diray-ie quant i'y penſe,
Du plein pouuoir de mon Sauueur?
Voulant que ce feu ne m'offence,
De ſa plus cuiſante chaleur.
Chaleur qui m'eſt vn frais zephire,
Parmy le chaud de mon martyre.

C'eſt pour eſpreuuer mon courage:
Comme c'eſt pour ſa gloire auſſi,
Qu'il permet qu'on me fait dommage,
Sans dommage dans ce feu-cy.
Feu qui m'eſt vn plaiſant zephire
Parmy le mal de mon martyre.

C'est donc pourquoy, tant que ie viue,
Que ie le beniray tousiours
Attendant qu'heureuse i'arriue
Au port des celestes seiours:
Portée auec vn doux zephire
Quand i'auray finy mon martyre.

ALMACHIE.

Quoy? Quoy? parmy la flame?

MOVSTAROT.

Elle ne luy nuit point.
Regardés la voila en meilleur em-bonpoint
Quelle ne fut iamais.

ALMACHIE.

Deités infernales,
Quel prodige est-ce? vous Deesses fatales,
Qui taillés, qui rongnés d'ineuitable sort
La vie d'vn chacun, les rangeants à la mort,
Voz rasoers où sont-ils? où sont-ils à ceste heure?
Quoy? ne voulés vous pas, que ceste engeance meure?
I'enrage, ouy, i'enrage. Alecton vien à moy,
Megere, Tisiphone, horreur approche toy:
Horriblés moy de coups. Iupin darde-tempeste,
D'vn foudre fracassant escrase moy la teste.
Terre, terre, és-tu sourde? englouty moy tout vifs
Ouure ton large ventre.

MOVSTAROT.

Oy! quel est le motif
De vostre desespoir? r'entrés dedans vous mesmes
Rasserenés voz sens esgarés à l'extreme.
Quoy? vous qui regentés vne grand' nation,

Impreca-
tions.

Ne pouués vous calmer l'ireuse passion
Qui bout à gros bouillons dedans vostre courage?
Tout beau, Monsieur, tout beau.

ALMACHIE.

I'enrage, oüy i'enrage.

MOVSTAROT.

Treuués autre moyen de vous en despescher,

ALMACHIE.

Comment? quoy? que feray-ie?

MOVSTAROT.

Il la fait tresbucher
Dans le fleuue auernal, par vn autre supplice,
En la luy condamnant d'equitable iustice.
De graces songés-y. Saturne le vieillard,
Des sept astres errants, fait sa course plus tard:
Il est le vray miroir d'vn Magistrat, d'vn Prince,
Qui gouuerne à baguette vne belle prouince.
Il n'ordonnera rien que d'vn meur iugement,
Et qui ne soit mené de tardif mouuement.
Songés-y derechef. Les hommes de ceruelle
Ne manquent point iamais d'inuention nouuelle,
Pour borner à leur gré leurs desirés desseins.
Pour moy, me voyla prest, mon corps, mes bras, mes
　　　mains,
Ne demandent, qu'où est-ce? or ça donc que feray-ie?
La laisseray-ie ainsi? ou la retireray-ie?

ALMACHIE.

Va, pren moy ce cousteau, & d'vn reuers de bras,
Au lieu mesme, quelle est, mets luy la teste bas.

MOVSTAROT.

Exemple comme vn Magistrat nedoit rien faire qu'a-uec meur iugement.

Monſieur, il ſera fait: Ie reuien à ceſte heure.

ALMACHIE.

Va, ie t'attens icy, ne fais longue demeure.
Ie penſe moy, qu'en fin nous en viendrons à bout:
Où, la fiere Atropos eſt pour elle du tout.
Si au lieu d'affermir ſes nerfs, & ſa mouelle:
Pour l'abbatre d'vn coup de ſa dextre bourelle,
Elle luy affoiblit, benigne en ſon endroit.
Ou, voulant la frapper elle le retenoit,
I'enten quelque clameur ſoubs des accents de plainte.

MOVSTAROT derriere le theatre.

Encores ce coup-la.

ALMACHIE.

Ceſte voix n'eſt pas feinte:
C'eſt la voix du bourreau: i'ay grand faim de le voir:
Le voicy, & bien quoy?

MOVSTAROT.

Ie ſuis au deſeſpoir.

ALMACHIE.

Au deſeſpoir, pourquoy? He! eſt-elle pas morte?

MOVSTAROT.

Non, Monſieur, ie n'ay peu faire en aucune ſorte,
Par trois, & quatre coups, à force de mes bras,
Que ie touchay ſon col, auec ce coutelas
Le diſioindre du corps: elle s'en va mourante
Pour cela, regardez, comme elle eſt languiſſante.

ALMACHIE.

Sont ces fileuſes ſœurs, ainſi que ie diſois,
Qui retenoient ton bras, quand tu le renuerſois,
(Pour ſelon mon arreſt) luy abbatre la teſte.

L iij

Laisse, laisse la là, elle est à la conqueste
Maintenant de Charon, qu'il l'emporte s'il veut
Demy-morte qu'elle est: puis qu'en tout on ne peut
Desunir de son corps vne ame si meschante,
Ny par le feu cuisant: ny par lame trenchante:
Or suis-ie satisfait de mon plus grand desir:
Allons, ie veux aller m'esbastre à mon plaisir.

FIN.

Fautes furuenues en l'Impreſſion.

Pag. 4. lig, 25. tourner touſiours, liſez tourne-touſiours
p.7.l.31.deuant vous qu'vne, liſ. que le vent d'vne. p.9.l.
1. dreſſa, liſ. dreſſaſt. p.9 .l.14.accouple à ce ioug, liſ. cou-
plée ſoubs le ioug. p.11.l.14. venant, liſ. viuant. pa.12.l.15.
trophées, liſ.trophés. p.12,l,26.ie lis le. p.15. l.1.que, liſ.
cat.p.22.l.21.aduiſé, oſtez he.p.32.l.19.tous, liſ.tout. p.44
l.11.vien, liſ.vient. p.53.l.1.bourreau, liſ.bourreaux. p.56.
l.3.voyes, liſ.voyent. p.56.l.22.perlection, liſ.perfection.
p.59.l.18.apres ſeruiteurs, liſez ce vers

Au ſeruice duquel auons ſacrés noz cœurs

p.61.l.31.emant, liſ.emanante. p. 2.l.13.attendoit, liſ.at-
tendit. p.77.l.28.au, liſ.aux. pa.77.l.29.cuiellir, liſ.cueillir.
pag.84.lig.28.breſſeroient, liſ.bleſſeroient.

www.ingramcontent.com/pod-product-compliance
Lightning Source LLC
Chambersburg PA
CBHW052135090426
42741CB00009B/2094